JN024083

ふるくてあたらしい
ものづくりの未来

ポストコロナ時代を切り拓く
ブランディング×デジタル戦略

アーツアンドクラフツ株式会社
吉田貞信
TEISHIN YOSHIDA

CROSSMEDIA PUBLISHING

本書はさまざまな形で「ものづくり」に携わる方々に向けた本です。

伝統工芸から町工場、さらに建築や先端の自動車や産業機器など。
日本には多種多様な「ものづくり」があり、そこで磨かれた技術や知見を大切にしていく文化があります。

「職人」や「匠の技」を大切にする「ものづくり」への伝統や誇りが息づく一方で、今の日本の「ものづくり」の多くは、時代に即したアップデートができずに、その価値や可能性を十分に発揮できていないように思われます。

私は多少なりとも「ものづくり」に携わる人間として、そのような憂うべき現状に警鐘を鳴らすために、これまでの経験や知見を活かして本書をつくることにしました。

「職人」や「匠」という言葉には、伝統を受け継ぎ、古き良き技術を次の世代に継承する。そんなイメージを持つ人も多いでしょう。

たしかに、守るべきもの、変えてはいけないものがあるのは事実です。私自身、すべてをアップデートして、変えるべきだとは思っていません。

しかし、「ものづくり」を取り巻く社会環境は大きく変化しました。

特に、経済発展を遂げて物質的に豊かになった先進国の国々の多くでは、成長の曲がり角を迎え、消費や生き方に対する考え方が、右肩上がりの発展を続けた高度成長期とは大きく変わろうとしています。

これまで先達が築いてきた優位性や事業資産によって、それなりに生き延びてきた「ものづくり」ですが、これから起きようとする変化にあわせてアップデートできなければ、より安くて手頃なものの流れに飲み込まれてしまうか、せいぜい象牙の塔のようにごく一部の人を慰めるものとして細々と活動していかねばならない運命が待ち構えているかもしれません。

日本の人口が下り坂を迎え、自分たちの「ものづくり」を理解し支えてくれた周りの人たちが減っていく状況に直面してもなお、良質な仕事を続けていれば、良い製品を送り出せば、買ってくれる人がいる、わかってくれる人がいるだろう。

そんな盲目的な考え方から脱却できず、先細りする職人や業界をたくさん見てきました。

せっかくのポテンシャルを持つ日本の「ものづくり」の火を絶やさないためには、私たち自身が考え、時代に即した行動を起こさなければいけません。

今ある強みを見直し、時代の流れに照らしながら勝機を見出し、これからの時代にこそ輝くものとして再構築していくべきチャンスなのです。

本書では、人とものとの関わりの歴史を紐解きながら、右肩上がりの成長を終えた社会における「ものづくり」のあり方や、変わるためのポイントを提示していきます。

ブランドの歴史

「豊かさを生み出すブランド」のあり方

デジタル活用の重要性

これらのテーマを中心に、私たちが実業や事例から得た知見を惜しみなく開示していきます。

私がこれからお話しする考え方や方法論をきっかけに、日本のものづくりがその本領を発揮し、この先10年、20年の世界を豊かにする存在になればと思っています。

ここから時代の波を軽やかに乗りこなし、あなたの「ものづくり」をアップデートしていきましょう。

はじめに
世界を席巻した日本のものづくり

「ものづくり大国日本」

この言葉を聞いて、皆さんはどんなイメージを思い浮かべるでしょうか。

最初に思い浮かぶのは、1960年代から80年代にかけて、世界中に「Made in JAPAN」として その存在を知らしめた家電や自動車といった工業製品のものづくりでしょうか。米国の社会学者エズラ・F・ヴォーゲル氏が、79年のベストセラー『ジャパン・アズ・ナンバーワン』において、経済分野での日本の競争力の高さを分析し、アメリカが学ぶべき模範として日本のものづくりがもてはやされた時代です。

日本人は持ち前の勤勉さや研究熱心さによって、欧米の先行する工業製品に学び、より安く、たくさん、そして高品質にという点で世界の市場を席巻していきました。

日本のものづくり神話のイメージは、この時代と紐づけられることが一般的です。しかし実は、そこから遡ること約100年前に、日本のものづくりが世界から注目を集めた時代があったことをご存じでしょうか。

それは「ジャポニスム」というムーブメントとして語られた、江戸末期から明治の時代です。日本は長い鎖国政策を解き、欧米列強と本格的な交易を再開しました。パリやロンドンの万国博覧会への展示品や輸出品などをきっかけに、日本の美術品や工芸品、絹織物、紙製品、扇子、傘、喫煙具、木版印刷などが、当時の文化の中心であったヨーロッパの人々へと広がりました。マネ、ゴッホ、モネなど当時の先端アーティストや文化人を筆頭に、欧州各国の文化や風俗を担った富裕層から中産階級を含めた社会全般の人々が、日本でつくられたさまざまな物品の独自性やその技巧のクオリティの高さに魅了され、影響を受けるようになったのです。


一度目は手仕事を中心としたものづくり。

二度目は工業生産のものづくり。

日本のものづくりはその形を変えながら、世界の人々に評価され、その存在感を発揮してきたのです。

アップデートが遅れた日本のものづくり

このように過去2度にわたり世界から高い評価を得た日本のものづくりも、バブル崩壊をきっかけに元気をなくしていきました。

自動車と並び日本のものづくりの象徴だった家電は、技術力を活かした「安くて高品質」を売りに、成功の階段を駆け上がってきました。しかし、中国をはじめとした新興国の工業力、技術力が増すにしたがい、その優位性に陰りが見えてきました。特に、デジタル家電の時代が訪れると、その傾向に拍車がかかりました。

デジタル技術は、短期間でコモディティ化を加速させています。シャープの液晶テレビを思い出してください。２０００年代に「世界の亀山」ブランドと称されて一時代を築きながら、２０１０年代には韓国や中国のメーカーに技術力で追いつかれ、価格競争に飲み込まれました。その後、16年に台湾の鴻海精密工業に企業買収されたのは、記憶に新しいところでしょう。

このような大規模なものづくりだけでなく、手仕事の分野でも同様の停滞や競争力の低下が起きています。

バブル崩壊後内需が伸び悩むなかで、日本企業は高コストの国内の職人に見切りをつけ、中国やアジアの国々を中心とした低コストの地域に生産拠点を移し、仕事を移管していきました。また、一部の手仕事は切り捨てられる一方で、伝統工芸は文化保護の名の元に化石のような存在として祭り上げられることで、産業からは切り離された存在となってしまいました。

このような流れのなかで、日本国内の優れた職人技術の多くはきちんと伝承されずに失われていきました。細々ながら生き残っていた職人たちも、「背中を見て覚えろ、技は盗むもの」という旧態依然のスタンスのまま、技を磨くことも後継者を育てることもできない状況が生まれてしまいました。

世界を席巻した2つのものづくり、そのどちらもが危機的な状況に晒されているといえます。

「大量生産大量消費」時代の終焉

欧米企業に追いつき、追い越した日本のビジネスモデルは、今度は中国や後発の新興工業国に追い越されてしまいました。

さらに、少子高齢化や人口減少が追い討ちをかけ、先細り感がますます強くなっていくなかで、日本のものづくりを取り巻く状況はさらに苦しいものになっていくように思えます。

では、そんな日本のものづくりに未来はないのか。かつて輝きを放ったチカラを武器に、再び活力を取り戻すことができないのか。

その手がかりは、高度経済成長の時代を支えた大量生産大量消費の考え方から脱却し、意味と価値に基づく新しい時代、ものの豊かさを超えた、心の豊かさの時代の「ものづくり」にアップデートしていくことではないでしょうか。

心の豊かさの時代とは何か、そのアップデートとは何なのかをこれからお話ししていきます。

豊かさを生み出すものづくりへ

日本のものづくりを再生させるために、私は「豊かさを生み出すものづくり」という考え方を提唱しています。

本書では次の4つの項目を通じて、その考え方と実践方法をお伝えします。

（1）「心の豊かさを生み出す」というものづくり観
（2）日本のものづくり（工業生産×手仕事）の強みの再定義
（3）デジタルテクノロジーの活用
（4）ブランド構築技術の理解と実践

本書は「ものづくり」に実直に携わる、普通の会社の普通の人たちにこそ、ぜひ読んでいただきたいと考えています。「豊かさを生み出すものづくり」を実現するための具体的な実践論を学ぶことができます。

手仕事を中心とする「ものづくり」に従事する企業や職人は、自分たちの仕事をアップデートすることで、世の中に豊かさをもたらす存在となるのかが問われています。本書ではその指針を示していきます。

また本書は、数名から数十名程度の中小企業、さらに数百名規模の製造業や小売サービス業の方々も読者として想定しています。これらの企業の中には、それなりの歴史を持ち、華やかな時期も経験しつつ、その後じりじりとシェアを奪われていくような苦しい状況にある企業も少なくないでしょう。このような企業を担う二代目、三代目経営者やマネジャーが、未来へと向かう手がかりを得られることも目指しています。

さらに、直接ものづくりと関わりのない業種で働く人にも、ブランドの理解やD2Cの考え方、オーダーメイドのものづくりがこれからの消費社会で果たす役割などについて知ることで、自社の製品やサービスに新しい魅力や価値を注ぎ込むためのヒントが得られるはずです。また広告やIT等の産業に従事する方々も、ものづくりの従事者と連携し、ものづくりの価値を見つけ出し、広げていく手がかりを得てもらえたらと思います。

信念を持ち、実直に「ものづくり」に取り組む方々が、その真価を発揮することで、新たな時代で輝きを放ち、時代をリードする存在になることを信じて疑いません。

本書の構成

ブランドの基本概念を学ぶ

1 **ブランドの歴史から学ぶ**
ブランドという概念が生まれてきた社会的背景や経緯などからブランドづくりに関わる要素を理解する。

豊かさを生み出すブランドづくりの実践方法を学ぶ

2 **豊かさを生み出すブランドとは**
右肩上がりの経済発展が収束する時代において求められつつある、心の豊かさをつくるブランドの要件を導く。

3 **中小企業のデジタル活用**
企業事例のなかから、豊かさを生み出すブランドづくりを進めるための前提条件となるデジタル活用（DX）の要点を学ぶ。

4 **ブランドづくりの実践フレーム**
豊かさを生み出すブランドづくり実践のフレームとして、マーケティング、メディア、ものづくり、マネジメントの視点とその活用事例を学ぶ。

実践例を通じて理解する

5 **ストーリー事例の紹介**
3、4章で紹介した方法論やフレームの実践ストーリーとして、当社が運営するジュエリーブランドith（イズ）の取り組みを紹介。

6 **まとめ**
私たちが考えるものづくりの未来について。

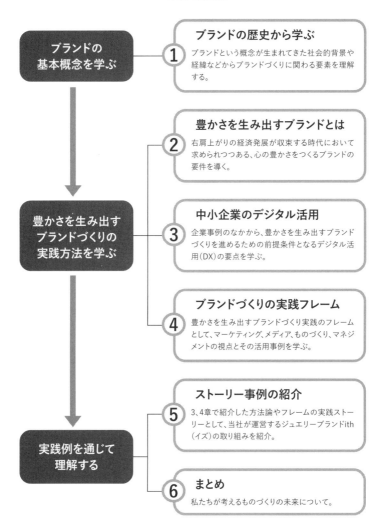

ふるくてあたらしいものづくりの未来　目次

第2章 これからのブランドに求められること

第3章 デジタル化でものづくりをアップデートする

第4章 「豊かさを生み出すブランド」のつくり方

第5章 顧客と共創するストーリー

第6章 「つくるの力で、世界をもっと豊かに」

第1章

ブランドの歴史を知ろう

ブランドの起源

「何かと何かを区別する」を意味し、
牛などにつける焼印がブランドの始まり

（ブランドの歴史まとめ）

石器時代、古代文明

ブランドは模様や紋章として、
記号として使われる

中世（5〜15世紀） 前近代ブランド

- ヨーロッパ：食品、調味料、嗜好品、道具などにブランドの概念が広がる
- 日本：室町時代に商業が発達し、全国の酒蔵が銘柄名をつけ、ブランドとした

近世〜近代以前（15〜18世紀）

- インド、アジアで「産地＝ブランド」の概念が広がる
- グーテンベルクの活版印刷技術が生まれ、商業保護の目的でブランドが使われるように
- 日本：江戸時代に食品や酒の生産者が、お店の屋号に「のれん」をつけ、ブランドとした 三井グループ「丸に井桁三」
- 酒蔵が銘柄名をつけ、ブランドとした
- ルネサンス時代：王侯貴族のためのブランド→ブルジョアジーへ（ショーメなど）「選ばれし人のためのものづくり」

産業革命期 イギリス：産業革命

- 大量生産大量消費
- アーツ・アンド・クラフツ運動
- アメリカ：大衆消費社会、P&Gやナビスコの誕生

19世紀〜現代 マスマーケティング、マスメディアがブランドと連携するように

- 1970年中盤〜80年：個性や多様化に基づいた、広告としてのブランド戦略
- 大量生産大量消費の終焉
- マーケティング戦略としてのブランド
- ブランドコングロマリッド、SPAの出現
- 企業活動全体のブランド
- SNSの出現
- ブランドの民主化
- D2C
- 脱成長

01 ブランドという概念の始まり

この本では、これからのものづくりのあるべき姿や、その方法について、私なりの道筋を提示していきます。その理解を深めるために、歴史のなかで生産者と消費者の関係性がどのように変化してきたか、「ブランド」という概念や方法論がどのように登場し、変遷したのか、大まかに把握していきましょう。

諸説ありますが、「ブランド」の起源は「何かと何かを区別する」という意味にあると言われています。ブランドには「焼印」や「烙印」という意味があるように、遊牧民族が牛や羊に焼印をつけ、所有権を示したことが始まりだったという説も見られます。

当時から「ブランド」という言葉が用いられていたわけではありません。「ブランド」が今のような意味合いで使われる始めるのは、１９８０年代以降の話ですが、ここでは便宜上「ブランド」という言葉を用いて説明を進めます。

「何かと区別する」「所有権を示す」という概念は、人類が道具を用いて生産を始めた石器時代や、生み出した生産物を蓄積し、交易を始めた古代文明の時代にまで遡ります。石器に刻まれている模様や紋章がそれにあたります。

集落が発展し、村や町、さらには都市になると、地域間での交易が始まります。そこではつくり手が産地を明示し、その物品や生産物の品質を保証し、それらに紐づく〝権力〟や〝価値〟を象徴するものとして、これらの模様や言葉が使われていきました。

中世（およそ5～15世紀）には、「前近代ブランド」とも言える、数々のブランドらしきものが出現しました。西欧では、イスラム勢力が地中海一帯での勢いを失い、地域間の商業流通が活性化しだす11世紀以降、食品や調味料、嗜好品、道具などにその概念が広がります。

さらに15～18世紀にはヨーロッパのみならず、インドをはじめとしたアジアなどとの遠隔地交易が盛んになり、「○○産の○○」というような産地のブランドが広がっていきました。そのため、コーヒーやタバコなどの嗜好品にも前近代的なブランドが発展していきます。

「アラビア・モカ」という名前に聞き覚えのある人もいるかもしれません。当時コーヒー豆が輸出される港だった「モカ」が、そのままブランド名として流通していったようなケースもあります。今の日本でいうならば、「関さば」や「草加せんべい」のようなイメージでしょうか。

15世紀にグーテンベルクにより活版印刷技術が発明されると、現在の知財のような意味合いと、それに伴う商業保護の役割も持つようになりました。

ブランドに近い概念自体は、ヨーロッパだけでなく、日本にも存在していました。

商業が発展した室町時代には、京都に「柳酒」というお酒がありました。当時の京都にはたくさんの酒蔵がありましたが、なかでも「柳酒」は人気だったようです。その理由は定かではありませんが、室町以降、全国の酒蔵が銘柄をつけるきっかけになったという説もあります。

江戸時代に入ると、ブランドの概念はさらに拡大していきます。独自の製法でつくられた食品やお菓子、酒などが人気を獲得し、お店の屋号がブランドとしての価値を持つようになります。三井グループの紋章「丸に井桁三」は、三井越後屋の店章だった三井高利が定めた「のれん」として、江戸時代につくられています。

ここで理解しておきたいことが2つあります。1つは、ブランドという概念は、世界中のあらゆる地域で、人とものの交易や生産流通、いわゆる商業の仕組みのなかで、役割を担うものだったということです。

もう1つは、ブランドの概念が意味するところは、時代や商業の仕組みとともに変化、拡大していることです。言うまでもなく、現代のブランド概念も変化し続けています。その変化を理解しながら、自分たちの未来への取り組みに活かしていくことが大切なのです。

02 〝選ばれし人〟のためのものづくり

ブランドの歴史を紐解くうえで、ルネサンス（文芸復興）の時代は外せません。

ルネサンスとは、14世紀頃からイタリアを中心にヨーロッパ全体へと広がった、文化芸術を中心とした社会的変革を指します。この時代に生み出された新しい技術や、社会の発展が、市民革命や産業革命というその後につながる流れを生み出すきっかけとなりました。

ひとくちにルネサンスといっても、地域や時代によってその様相は大きく異なりますが、大雑把にいうと、この時代にブランドやものづくりを牽引したのは、権力や財力のある王侯貴族たちでした。

彼らは、優れた芸術家や腕のある職人のパトロンとして、文化や芸術発展の礎を築いていきます。高度な技術や技巧を持つ芸術家や職人は、王侯貴族の依頼や支援によってその腕を振るい、自分たちの技術に磨きをかけ、ものづくりを行っていました。

豪奢な貴金属や装身具は、王侯貴族が婦人や娘に贈ることで、富と権力を表すものでした。優れた腕を持つ職人たちのなかには、これらの仕事を通じて名声を得て、成功を収める者たちも生まれました。

服飾や工芸品に限らず、音楽家や芸術家も、王侯貴族に召し抱えられることが成功への近道の1つでした。


このような背景から、「〇〇家の〇〇夫人が身につけるための宝飾品」であったり、「〇〇王の部屋に飾られる、聖書の一場面を描いた絵画」といった、発注者と職人が直接対峙するものづくりが当時の主流でした。


時代は進み、経済・文化の担い手は、王侯貴族からブルジョアジーと呼ばれる富裕市民層へと移り変わっていきますが、その時々の資産家や権力者たちが、優れたものづくりの担い手であることは変わりませんでした。

パリのジュエリーブランドであるショーメの代表作「ジョゼフィーヌ」は、フランス革命後の皇帝ナポレオン・ボナパルトの夫人が由来と言われています。ナポレオンが夫人への贈りものとして、卓越した腕を持つ職人を擁していたメゾン・ショーメにつくらせた逸品が、現代にも受け継がれるブランドのアイコンになっています。
パリの5大ジュエラーと呼ばれる「メレリオ・ディ・メレー（1613年）」「ショーメ（1780年）」「モーブッサン（1827年）」「ブシュロン（1858年）」「ヴァン クリーフ&アーペル（1906年）」など、現存する老舗ブランドの多くは、このような時代背景のもとで生まれています。

生活の中に一流の宝飾品や芸術、音楽が当たり前のように存在していた上流階級の人々は、きっと目が肥えていたはずです。野心のある職人や商工業主は、そんな彼らの欲求を満たすために切磋琢磨し、技術や品質を向上させていきました。このような循環のなかで、つくり手としての名声や商品の評判を得ながら、価値や名声を築いていきました。

日本でも人気の高いエルメスは、1837年、ティエリ・エルメスにより、馬具専門店として創業しました。皇帝御用達の馬具職人として、1867年のパリ万国博覧会では賞を獲得するなど、最高級の馬具工房としての地位を確立していきました。
エルメスに限らず、今の時代をときめくラグジュアリーブランドの多くが、この時代にブラ

フランソワ・ジェラール「皇后ジョゼフィーヌ」(1807-1808)

ンドとして歩みはじめています。その多くは、王侯貴族や当時の富裕層など、現代でいうセレブ御用達としてものづくりが始まったことを創業物語としています。

このように、ルネサンス期から産業革命が起こる前に行われていた「選ばれし人」のためのものづくりが、現代につながるブランドの萌芽を育んできましたが、ここでポイントとなるのが、**使う人とつくる人それぞれの「顔が見える」「One to One」のものづくりがなされていた、**ということです。

これらのブランドは、優れた技術や職人技を磨き、その価値を特徴づけアピールすることで、家業を繁栄させてきました。そしてその過程を通じて優れたブランドとして認知されてきたわけです。

これらのことは、「ものづくりの未来」を考えていくうえでも重要な着眼点になりますので頭に留めておいてください。

03 ものづくりを変えた産業革命

18世紀の中頃から19世紀にかけて、時代の流れを大きく変える技術的革新が起こります。これがイギリスを中心に始まった「産業革命」です。産業革命は、ものづくりを大きく変えていきました。

工場制機械工業によって、それ以前の手作業を中心としたものづくりは廃れ、それと入れ替わる形で生産工程の機械化が進んでいきました。機械の導入が制作工程を高速化させ、生産能力が飛躍的に向上しました。

機械を使ったものづくりが登場した結果、大量生産で安価な商品供給が実現しました。また、工場内でのものづくりだけでなく、蒸気機関の発明による交通輸送手段の飛躍的発展は、たくさんのものをより早く、より遠くまで、それまでとは比較にならないほどの低コストで運搬できるようになりました。

このように、世の中に大量生産大量消費の仕組みが形成され、新たな富とそれを分配する構造が生まれ、新しい社会状況がつくられることになります。これが「資本主義」というシステムと組み合わさることで、その後150年以上続く、高度経済成長の流れが生み出されていくのです。

産業革命は、人とものづくりの関係性も大きく変えました。それまで手仕事で良質な生産品

世界の歴史的なGDPの推移

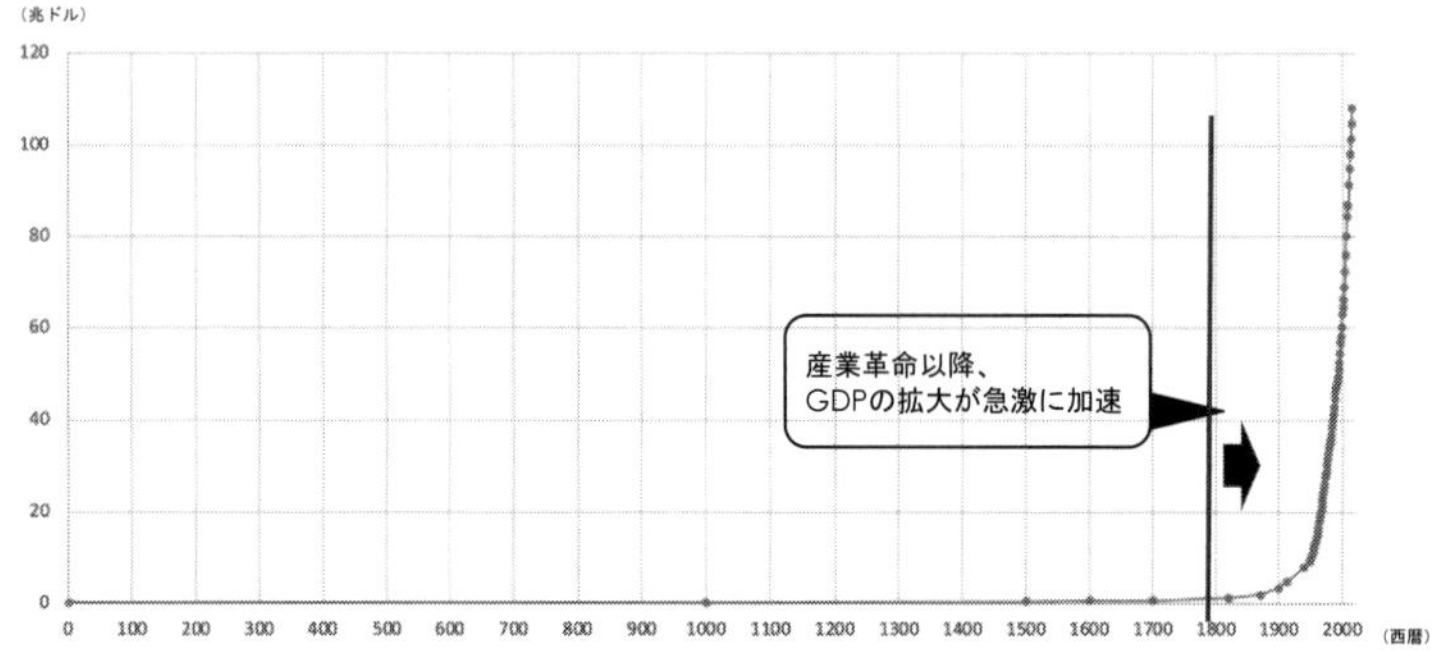

出所: J. Bradford De Long 「Estimates of World GDP, One Million B.C. – Present」、THE WORLD BANK 「GDP (current US$)」よりAC作成

をつくっていた職人の多くは、代替可能な単純労働力とみなされ、プロレタリアート(賃金労働者階級)へとなり下がってしまいました。また、機械による大量生産によって、それまで職人たちの感性や技術によって担保されていたデザインや品質は劣化し、さまざまな面において粗悪な商品が生み出されるようにもなりました。

このときから、使い手とつくり手の「顔が見える」関係性は失われていきました。そこには職人の尊厳はなく、つくる喜びも、働く喜びも消えてしまいました。

このようなものづくりや社会のあり方に疑問を呈し、「アーツ・アンド・クラフツ運動」が始まったのもこの時代です。

イギリスの詩人、思想家、デザイナーだったウィリアム・モリス（1834年－1896年）が主導したこの運動は、大量生産による粗悪な商品が幅をきかせる世の中に異を唱えました。そして、中世の手仕事を見直し、手工芸の復興を目指すことで、人間の日々の営みと芸術の調和を働きかけたのです。

アーツ・アンド・クラフツ運動は、生活の中に芸術的、美的なものを増やそうという運動でした。モリスの主張に影響を受けた若い世代の職人や、デザイナーたちが手工業集団をつくり、その運動はイギリスからさまざまな国々へと拡大していきました。

これらの運動も時代の流れには抗えず、やがて下火となっていきました。それでもその理念は、後の美術・デザイン史、ひいてはブランドのあり方にも大きな影響を与え、現代においても再び脚光を浴びていくことになります。

04 大衆消費社会の出現

イギリスから始まった産業革命ですが、その恩恵を最も受けた国がアメリカでした。

2度の世界大戦で疲弊していた欧州各国とは対照的に、新大陸で新しい国づくりを始めたアメリカは、他の国に干渉されず、フロンティア開発や工業化を進めることができました。また、ヨーロッパのように、伝統に基づく階級概念が存在しなかったこともポイントの1つでした。

そのような背景のもと、アメリカでは「大衆消費社会」が一気に花開くことになります。「大量にものをつくり、世の中に広く行き渡らせ、誰もが豊かになれる」という新たな社会的理想が、アメリカという新しい国家で実現します。大衆、すなわち名もなき人々が、生産と消費の主役を担う時代が、有史以来はじめて到来したのです。

ものづくりの工業化が、質、量ともに急速に発展したのもこの時代でした。当時のアメリカを象徴するブランドの1つが、自動車のフォード社です。

フォードのTモデルは、ベルトコンベアによる近代的な量産手法を実現した自動車として、その価格の安さから、アメリカはもとより世界各国に広がっていきました。

また、日用品のブランド化も進んでいきました。

1837年に創業したP&G(プロクター・アンド・ギャンブル)は、ろうそくや石けんといった商品から事業を始めました。当初はコモディティ品を売っていましたが、石けん純度の高い「アイボリー」石けんで一躍有名になり、日用品ブランドとしての地位を確立していきました。

Ｐ＆Ｇは大きな板状の石けんを、ピアノ線を張った機械で一気に切断する方法で大量生産を実現させると同時に、アイボリー（象牙）という印象的な言葉を用いたネーミングや、雑誌広告を用いた宣伝活動が功を奏したとされています。現在でもマーケティングのリーディングカンパニーとされるＰ＆Ｇですが、そのＤＮＡは創業当時まで遡ると言われています。

このほかにも、世界的食品メーカーのナビスコがナショナル・ビスケット社として創業したのが１８９８年、コーンフレークの世界的ブランド、ケロッグが設立されたのは１９０６年でした。アパレルの分野では、ゴールドラッシュの時代の作業服に起源を持つリーバイスや、ブルックス・ブラザーズなどもこの時期にスタートし、大衆消費社会の発展とともに大きく成長していきました。

このように、アメリカで一気に花開いた大衆文化と、大量生産大量消費のものづくりは、特定の人たちの欲求を満たすような、かつてのヨーロッパ型のものづくりとは正反対のアプローチでした。新しく生まれたこの文化が、現代へとつながるブランドという概念を生み出していく背景となっていきます。

05 マスマーケティング・マスメディアの発展

大量生産大量消費の文化の発展に重要な役割を果たしたのが、「小売流通」と「マスメディア」です。

20世紀のはじめから1920年代にかけて、都市部への人口集中を背景に、ニューヨークなどの大都市部では百貨店や小売専門店が出現しました。

これらの店舗は、新しく生まれた「中間所得層」に対して、さまざまな商品を紹介する役割を担い、消費を喚起していきました。また、低価格商品を中心とするチェーンストアも、アメリカ全土に普及していきました。

さらに、新聞・雑誌・ラジオ・テレビなどのマスメディアの発達は、あらゆる商品を大衆に告知し、その価値や魅力をアピールする手段として、人々の消費意欲をかき立てていきました。

今日でもファッション産業で世界的な権威を持つ、ファッション情報誌「ＶＯＧＵＥ」が初めて出版されたのは１８９２年です。ＶＯＧＵＥは、それまで衣服を作業着や日常服としてしか捉えていなかった大衆に、「ファッション」や「おしゃれ」という価値観を広げる存在となりました。

メディアを通じてセレブリティと結びつくことで、世界的なブランドに成長したのがティファニーです。映画「ティファニーで朝食を」は、映画スターのオードリー・ヘプバーン主演で世界中にヒットし、その後のティファニーのブランドづくりにも大きな影響を与えました。

このように、メディアを通じて大衆を啓蒙し、消費意欲をかき立てながら、急速に整備された小売流通網を通じて大量かつ迅速に商品を届け購買を生み出していく「マスマーケティング」の仕組みによって、「マスブランド」という存在が発展していきました。

アメリカを中心としたマスマーケティングによるブランド展開は、資本主義の国々に広がりながら、１９５０年代から１９７０年代へ至るまで継続的に発展していきます。

国や地域で事業環境に差はあっても、一貫して求められたのは、メディアと流通をいかに優位にコントロールしていくかでした。現在においても、「流通（＝顧客接点）」「メディア」というキーワードは、ブランドを考えるうえで欠かすことのできない要素でもあります。

06 成熟する消費と情報化社会の進展

大衆消費社会を背景に、ものがある程度行き渡り、大衆全体の豊かさが一定の水準に達していくなかで、消費者とブランドの関係性にも変化が生まれてきました。

物質的に満たされた大衆は、画一的な商品では飽き足らず、年代や性別、趣味性などに基づいた個性を求めるようになっていきました。「個性や多様性」の時代の始まりです。「すべての人にとって魅力的なものをたくさんつくり、大量に行き渡らせる」という考え方から、消費者を所得階層、嗜好性、世代などで分類し、それぞれの分類が好む世界観やニーズに基づき、商品をつくったうえでメディアや流通に乗せていく。「セグメントマーケティング」という考え方に基づくブランドが生み出されていきます。

1969年、ユダヤ系アメリカ人のフィッシャー夫妻がサンフランシスコで創業したGA

Pもその1つです。当時のヒッピー運動の主役だったティーン世代をターゲットに、GAPは急成長していきました。GAPのブランド名には、フィッシャー夫妻が友人たちと〝ジェネレーション・ギャップ〟について討論していたときに思いついたと言われています。

GAPは、瞬く間に全米に展開するチェーンへと成長し、1976年にはニューヨーク証券取引所に上場を果たしています。その後も買収などを繰り返しながらグローバル展開し、今なおアメリカを代表するアパレルブランドとなっています。ナイキやラルフローレンといったグローバルブランドもこの時代に生まれました。

国や地域によってタイムラグはあるものの、1960年代から1980年頃を境に、供給主導でつくれば売れた時代から、消費者側に選ばれなければ買ってもらえない、需要主導の時代へと移り変わっていきました。

そんな変化を象徴するように、消費者に近い小売業がパワーを持ち始めるようになりました。消費者の購買選択を誘導したり、値引きなども含めた価格に対する働きかけなど、ブランド運営のあり方にもより大きな影響を持つようになりました。

また、環境破壊などの負の側面が表面化し、盲目的な大量生産大量消費が疑問視されるようになってきたのもこの時代です。

流通が整備され、ものと情報が世界中を行き来することで、改めて国や地域性に根ざした価値観に基づくブランド戦略が着目されるようになりました。

アメリカらしい自由や豊かさ、ロンドンから発信されるストリートカルチャー、フランスはそのアート性といった具合に、それぞれの国が持つ文化的、産業的特性を活かしながら、各企業はその独自性や優位性を競うようになりました。イタリアでは、地域に根ざすハンドクラフトやレザー産業とデザイナーが結びつくことで、デザイナーズブランドと称されるブランドが活性化していきました。

この時代の変化を下支えしたのが、情報技術（Information Technology）の発展です。

1980年頃から企業における情報システムの活用が進み、その活動はさらにグローバルかつスピーディになっていきます。情報システムで結ばれたグローバルな流通ネットワークと、マスメディアの情報が組み合わさることで、消費者は従来とは比べものにならないほどの情報を取得し、選択できる自由を手に入れていったのです。

消費者が選ぶ権利を持つ時代においては、それぞれの企業には他社やその商品との違い、つまり独自性に基づく差別化が必要になります。この時代から、いよいよ「ブランド」の必要性がクローズアップされてきたわけです。

「はじめに」でお伝えした「ジャパン・アズ・ナンバーワン」の時代は、この頃から始まりました。家電や自動車産業などを中心とする日本企業が「品質の良いものを安く、たくさん」つくる力を強みに世界の頂点に立つと同時に、この時代をピークとして徐々に存在感を失う分水嶺となった時期でもあります。

さまざまな要因が語られていますが、大企業から中小企業に至るまで「ブランド」というものの理解と実践が十分ではなかったのではないか。そして、それは今なお解消されずに、日本の会社がより大きく羽ばたくチャンスを阻害する要因になっているのではないか、というのが私自身の問題意識でもあります。

消費が成熟し、多様化するという流れは、現在から未来に向けさらに加速していくでしょう。そのなかで「ブランド」という概念を理解し、実践していくことが、この大きな流れを乗りこなしていくうえでの必要不可欠な知識とスキルなのです。

ブランドコングロマリット

ここからは現代、そして未来のブランドというものを考えるうえで、理解しておくべき2つの事業形態についてご紹介していきます。

まず最初に触れておきたいのが、ブランドコングロマリットという事業形態です。ルイ・ヴィトンやカルティエ、クリスチャンディオール、セリーヌ、ジバンシィ……「ブランド」という言葉を聞き、多くの人がまず思い浮かべるのは、これらのラグジュアリーブランドの名前ではないでしょうか。

先ほど、消費が成熟するなかで、国や地域の独自性に根ざしたブランド戦略が広がったと述べましたが、欧州の企業の多くが、古くから脈々と受け継がれた伝統的なものづくりを背景に、高級感を売りにしたブランド化を進めていきました。

ブランドコングロマリットの代表格「ＬＶＭＨ」の中核ブランドであるルイ・ヴィトンは、もともと鞄づくりを生業とする職人企業です。また、コングロマリット形態ではありませんが、欧州のブランドの雄とも言えるエルメスは、高級馬具の工房を発祥としています。

エルメスの代表は「自分たちはブランドビジネスをやっているのではなく、家業としてのものづくりを行っている」と述べています。このように、欧州ブランドの多くはもともと家業として代々取り組んできたものづくりをルーツに持っています。

伝統的なものづくりの価値を高め、高級感のある世界観を築き、ブランドを維持発展させていくには、職人たちの技術の育成保護や、広告や店舗への投資を行うための資金力や経営力が必要になります。一方で、自社だけで必要な経営能力をまかなえないブランドも出てきます。それらが淘汰を繰り返すなかで、突出した数社がさまざまな分野の企業を傘下に収め、資金面、経営面において支える「コングロマリット」という事業形態が生まれてきたのです。

このような流れから生まれたブランドコングロマリットですが、そのエッセンスは3つに集約できます。

1つ目は、**地域文化に根ざした伝統技術によるものづくり**を大切にしていることです。早稲田大学でラグジュアリーブランドの研究を行う長沢伸也教授の編著書『ルイ・ヴィトンの法則 最強のブランド戦略』では、職人重視の法則という項目のなかでこう述べています。

「ルイ・ヴィトンは、元来職人が大事に育ててきたブランドであり、職人魂がブランドのDNAにしっかりと組み込まれたブランドである。だからこそ、顧客はその商品についた値段に対し、背景の職人を想像し、納得し、購入に至る。」

長沢伸也『ルイ・ヴィトンの法則 最強のブランド戦略』

コングロマリットの代表格であるルイ・ヴィトンでは、伝統技術を継承しながら、その技術と顧客の期待を結びつけることで価値を生み出しているということです。

2つ目は、デザイナーやアーティストの力を用いた**時代性のある魅力的な世界観づくり**を行っていることです。長沢教授は同書のなかで「職人には、時代の先を行くデザイナーの感覚を持ちにくいし、デザイナーには、思い描いたものを製品にする技術を得がたい。メゾンにはこの両輪が必要である。」と述べています。伝統的な技術を活かすには、ただそれを大切に守っていくだけは足りません。移り変わる消費者の価値観や生活様式を読み解きながら、魅力あるプロダクトを生み出す、つまり「伝統を革新していく」ことで、その鮮度を保つのがブランドビジネスの要点なのです。

3つ目は、これらを継続的ビジネスとして成功させていく**プロフェッショナルな経営力の必要性**です。

現実的な事業において、伝統と革新の両方を理解して、バランスを取りつつ、その時々の最適な答えを導くには高い経営力が要求されます。

さらに、伝統技術を保護し、デザイナーやアーティストと連携しながら、魅力ある世界観を創り、維持させていくには莫大な資金力も必要となります。家業を源にするものづくりを、世界レベルのブランドへと導くために必要になるのが、ビジネス面でのプロフェッショナルな能力だということです。

少し話が異なりますが、ブランドビジネスが事業的に拡大するきっかけとなったビジネスモデルとして、「ライセンス販売」があります。自社のブランド名やロゴなどを商標化、権利化し、生産を外注化させ、より多くの人の手に届くように販売する手法です。

この手法で事業が拡大する一方で、ブランドの名前だけを拝借してデザインや品質面が伴わない商品が横行した結果、かえってブランド価値を下げ、最後は消滅に至ったブランドも数多く存在しました。そのような反省も踏まえ、現在ではブランドの価値を守るために、より徹底した生産パートナー管理や、商標・ロゴなどの規制を厳しくすることが一般的になっています。

ここで紹介した話はブランドビジネスのほんの一部ですが、ブランドビジネスの歴史には、私たちが未来のものづくりを考えていくうえで学ぶべきヒントが数多く存在しています。

SPA

もう1つ見逃すことのできない潮流が、1990年代後半から頭角をあらわしてきたSPA（製造小売業、Speciality store retailer of Private label Apparel）という事業形態です。SPAとは、商品企画、製造、販売までを一貫して行う、垂直統合型の事業形態を指します。ZARA、H&M、ユニクロといったファストファッションの世界的なブランドが代表的なSPAとして知られていますが、今ではさまざまな業種でSPAの形態が生まれています。

SPA企業の多くがもともと小売業からスタートしています。消費が成熟化するなかで、より消費者に近い小売業が力をつけていったという話をしましたが、この流れのなかで登場してきたのがSPAという事業形態です。

また、顧客起点での事業を可能としたのがITシステムの存在です。ITシステムによって流行や店頭の売れ行きなどの情報をすみやかに吸い上げ、タイムリーな形で商品開発し、売り場で求められる最適な数量を割り出しながらできるだけ安く製造、販売していきます。商品ごとの需要を見極めたうえで大量生産することで、多店舗に展開しながら売り切りを目指し、高い利益を創出していきます。

従来型モデルとSPAモデルの違いについて

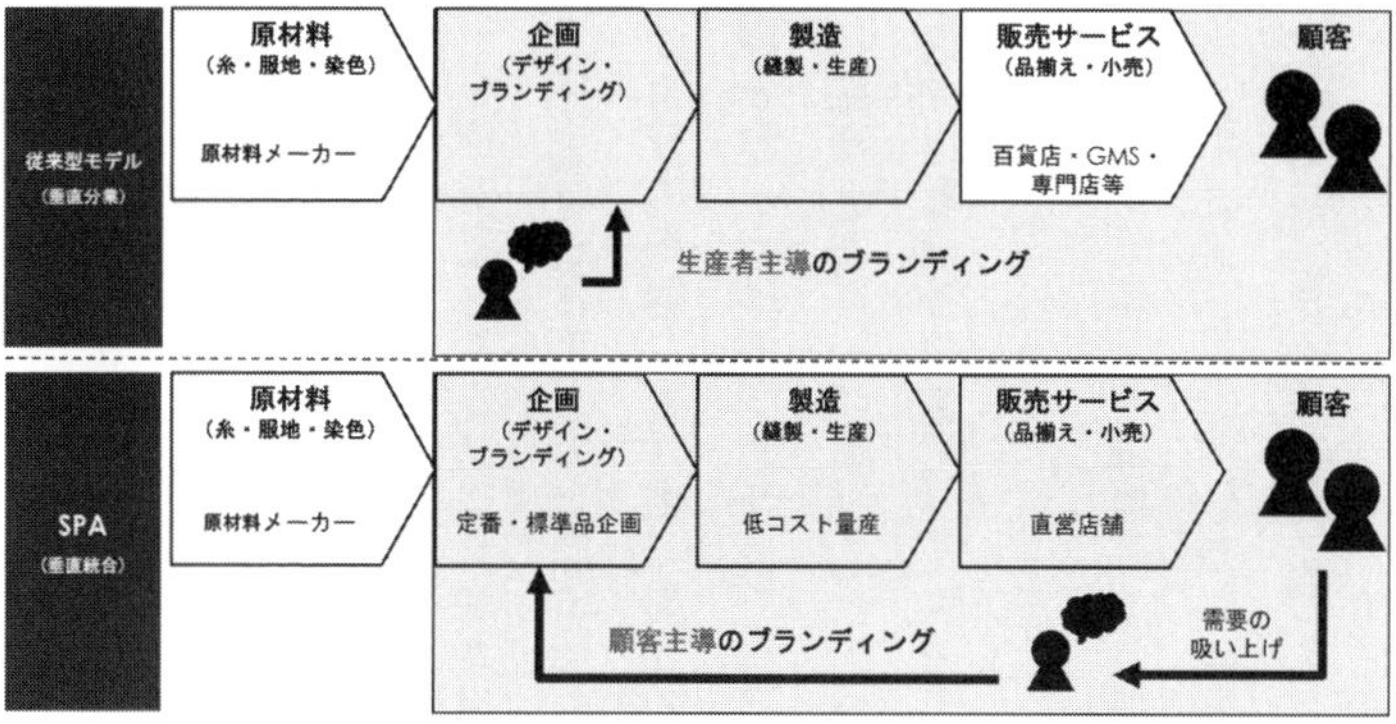

初期のユニクロやZARAは、デザインやクオリティのいずれか、もしくはその両方に難がありました。しかし、顧客を起点として大きな利益を生み出し、その利益を再投資する形でビジネス全体のクオリティを高めることで、「安いけどおしゃれ」「安いけどしっかりしている」と評されるまでになっています。

現在ではラグジュアリーブランドとコラボして商品開発を行うなど、圧倒的な販売力に基づく事業拡大と経営力の向上により、ブランドビジネスの文脈でも重要な意味合いを持つようになりました。

これらの企業に共通するのは、ITをベースに、マーケティングとクリエイティブ、そしてものづくりがスピーディに結びつき、高い付加価値を生み出している点です。社会の変化に合わせながら、ものづくりとマーケティングが融合し、進化した結果として行き着いたのがSPAなのです。

ブランドコングロマリットとSPAの共通点

ものづくりを生業とするブランドコングロマリットと、ITの発展とともに進化してきたSPAでは、一見すると真逆のビジネスのように映ります。主要な顧客層、商品の価格帯、広告プロモーションの内容など、全く異なるビジネス展開をしていますが、活動をより俯瞰すると、共通項も浮かび上がってきます。

それは、淘汰と発展の結果として、**ブランドというものが「企業活動全体を貫くもの」として捉えられている**ことです。

ものづくりという川上を源流とするブランドビジネスは、小売やメディアとの関係性を自らマネジメントすることで、自分たちの事業価値を構築してきました。

反対に、小売という川下を起点とするSPAの企業は、顧客ニーズに合わせてものづくりまでをマネジメントし、事業価値を生み出しています。

ブランドコングロマリットとSPAの違いと共通点

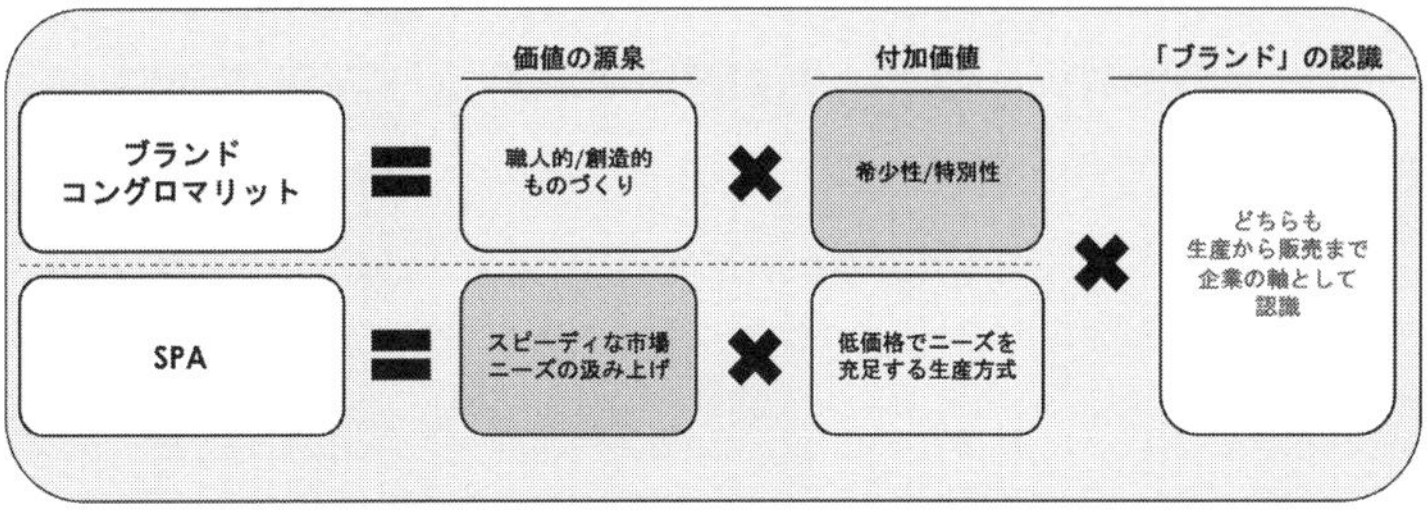

成り立ちは真逆でありながら、どちらの事業形態もブランドが川上から川下まで一気通貫することで事業価値がつくり出されています。この「川上から川下までを一気通貫する理念やコンセプト」こそが、現代におけるブランドのあり方、捉え方になっているのです。

本章の冒頭で述べた通り、ブランドというものの概念は時代とともに広がってきました。初期のブランドは商品のトレードマークやキャッチコピー、フレーズのようなものとして認識されるところから始まり、その時代の主幹は広告宣伝でした。

さらに時代が進み、ブランドが商品やサービスまでを含めたコミュニケーション全体を意味するようになると、ブランドが取り扱うべきは

ブランドの定義の変遷について

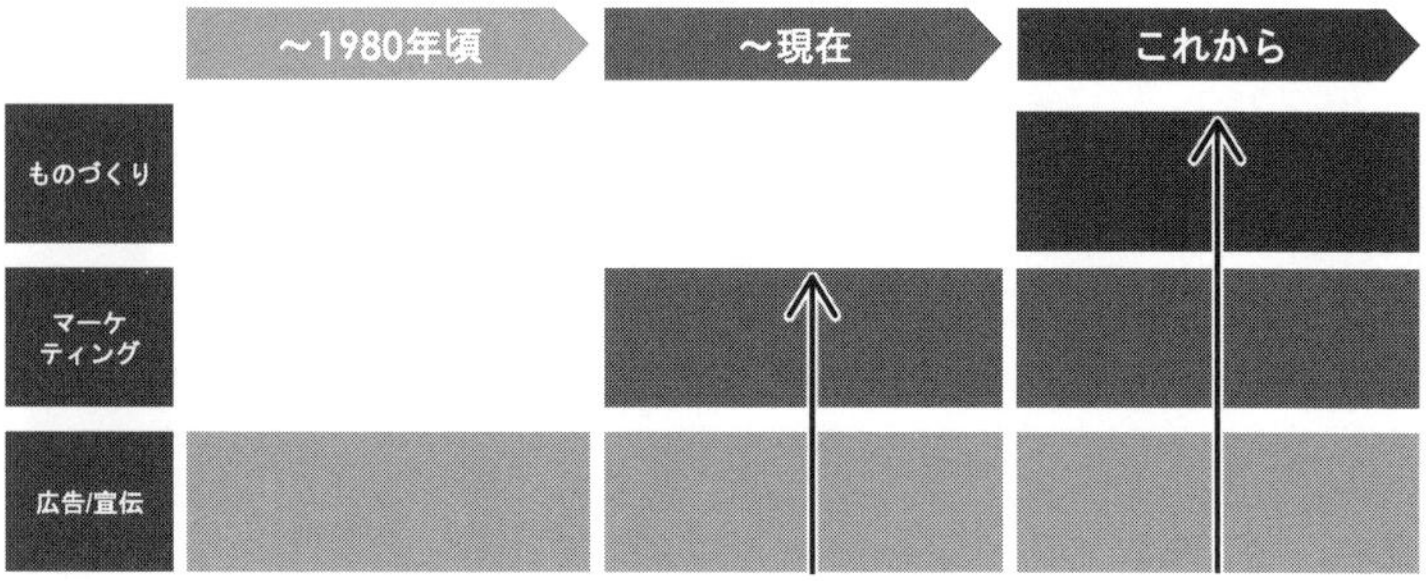

広告宣伝からマーケティングにまで広がっていきました。
　そして、現代の先進的企業では、広告宣伝、マーケティングからものづくりの領域、さらに組織全体を貫くものとして「ブランド」という概念が扱われるようになっています。

　この捉え方は、この後に詳しく紹介するD2C（Direct to Consumer）企業などでも一般化しつつあります。「ブランド＝企業活動全体に関わるもの」であるという捉え方が、これからの時代の基礎認識になろうとしています。
　さまざまな部門の事業活動が連携し、関係協力会社なども含めたスタッフ全体がブランドに携わり、ブランドをつくっている認識が重要になるということです。

SNSとブランドの民主化

1990年代後半から2000年代以降にかけて、インターネットがもたらした情報革命により、ブランドのあり方が大きく変化していきます。世界では、アメリカのアマゾンや中国のアリババ、日本でも楽天といったオンラインリテーラーたちが、イーコマースやオンライン広告などの市場を切り開いていきました。

さらに、SNSの登場はマーケティングの方法を大きく変え、従来の手法を過去のものにしました。フェイスブック、ツイッター、インスタグラム、ラインといったSNSは一種の社会基盤にまで発展しつつあります。

インターネットやSNSがもたらしたプラスの側面を端的に表すならば、「個へのエンパワーメント」ということになるでしょう。それまで国家や大企業、特定の権威者だけが持ち得ていた情報発信の力を誰もが持ち、網の目のように張り巡らされたネットワークを通じて、自由にやり取りできる状況が生まれたのです。

このような流れのなかで、SNSなどを武器に消費者とダイレクトにつながり、商品やサービスを届けるD2Cブランドが登場します。

ブランドコングロマリットが生まれる過程で紹介したように、これまで「ブランド」という概念やそれに紐づく方法論は、大きな経営資源を持つ大企業のみが扱うことができるもので、そこに中小企業や個人が踏み込む余地はありませんでした。

しかし、インターネットやSNSの登場によって、誰もが情報発信をできるようになりました。また、SNSやインターネットを通じて、さまざまな特技を持った専門家同士が簡単につながることもできます。このような変革を通じて、ブランドという概念の「民主化」がもたらされていったのです。

民主化が巻き起こす力は、個人だけでなく、企業や行政、国家のあり方にすら影響を及ぼすようになってきています。個人であれ組織であれ、さまざまな立場から、これらの流れに対応していくための新しいリテラシーが求められているのです。

07 成熟化時代を迎えて

本章では、長い歴史を振り返りながら、ブランドという概念や、ものづくりと消費者との関係性がどのように変化してきたかを述べてきました。改めて本章のポイントをまとめると以下のようになります。

1 産業革命前は、顔が見える手仕事のものづくりがブランド（的なもの）の主流だった。
2 産業革命により、大量生産大量消費とともにブランドが発展していった。
3 消費社会の成熟とともに、生産主導ではなく消費者主導の選ばれるブランドの時代へと移り変わっていった。
4 IT化の進展、SNSの登場などにより、より小さな組織や個が自ら情報を発信し、価値を生み出すことができるブランドの民主化の時代が到来した。

前提となる時代認識や、人々の価値観が変化するとき、昨日まで価値のあったものがそうでなくなる、逆に価値がないと認識されていたものが、光の当て方を変えることで価値を生み出す可能性が生まれます。

そして、私たちが生きている今こそが、人々の価値観や時代認識が変わる節目、転換点の時代であることに多くの人々が気づき、メッセージを発しています。


世界中のトップリーダーが集い、さまざまな問題や課題解決を議論するダボス会議では2021年、「グレート・リセット」というテーマを掲げ、ポストコロナの時代づくりのために、これまで存在したシステムを白紙に戻し、新しい仕組みを再構築する必要性を提唱しました。

また、ベストセラーとなった『ビジネスの未来 エコノミーにヒューマニティを取り戻す』(山口周著)では、経済成長を牽引し、物質的な豊かさの実現に貢献してきた資本主義という仕組みは、その役割を終えつつあると提言しています。

ダボス会議や山口氏の提言に触れると、成長の終焉を憂い、悲観しているかのように感じるかもしれませんが、そうではありません。それは、山口氏が述べる次の一節からもわかります。


「低成長」は、そのような達成の末に私たちが「成熟の明るい高原」に向かっている結果、必然的にもたらされた状況であり、なんら悲しむべきことではないというのが筆者の考えです。なぜなら「低成長」は「文明化の終了」がもたらした必然的な状況だと考えられるからです。(中略)この「成長が止まる状況」を「文明化の完成=ゴール」として設定すれば、日本は世界でもっとも早く、この状況に行き着いた国だと考えることができないでしょうか。

山口周『ビジネスの未来 エコノミーにヒューマニティを取り戻す』

物質的な豊かさを創り出した経済成長の時代が終焉の時を迎えようとする今、その時代に生きる私たちの価値観は大きな転換点を迎えようとしています。そのような時代において、私たちは何を指針として事業を進め、変革していかなければならないのでしょうか。

その答えの1つは、物質的な豊かさや、量的な価値基準とは別の、精神的な豊かさや人間らしさを生み出し、満たしていくことではないでしょうか。そして「ブランド」という概念を理解し活用していくこと、つまり「豊かさを生み出すブランド」づくりが、その手がかりになると考えています。次章では、地球規模で成熟化が進む社会において「豊かさを生み出すブランド」について掘り下げていきます。

第2章

これからのブランドに求められること

01 豊かさを生み出すブランドの要件

高度経済成長の時代では、量的な成長が社会全体のシンプルな目的とされていました。そのなかでの指標は、国ではGDP（国内総生産）であり、企業であれば売上や利益でした。個人では物質面で不自由なく満たされていることが豊かさの条件でした。

19世紀以降の経済成長により、人々の生活環境は大きく改善され、医療や福祉の充実とともに人類全体の寿命は伸び、人口爆発が生み出されました。地球規模では、この傾向は最低でも今後数十年は続くと予想されています。

一方で、社会学者の見田宗介氏が緩やかな成長カーブを「高原」の時代と表現したように、欧州や日本などの先進国では経済的低成長の時代へ移り変わりつつあります。

1章で見たように、1980年代頃までに社会にものが行き渡った結果、私たちはものの良し悪しや好みで比較して取捨選択するようになりました。さらに時代が進み、もの自体の価値よりも、ものや消費行為自体にまつわる意味で取捨選択するというように、選択の基準も段階的に変化してきました。

CSV 経営の事例

企業名	企業のヴィジョン	事業概要	CSVの事例
ネスレ	食の持つ力で、現在そしてこれからの世代のすべての人々の生活の質を高めていきます	飲料、食料品、菓子、ペットフード等の製造・販売	包装材料を2025年までに100%リサイクル（再生利用）もしくはリユース（再使用）可能にするコミットメント
グーグル	世界中の情報を整理し、世界中の人がアクセスできて使えるようにすること	ソフトウェア/ハードウェアの開発/提供	非営利団体がオンラインで支援者や資金を集められるように支援
ユニリーバ	環境負荷を減らし、社会に貢献しながらビジネスを成長させる	生活消費財の研究開発	ビーガンフードや、化石燃料由来の原料不使用の洗剤のような、植物由来の製品の提供
インテル	信頼性の高いパフォーマンス・リーダーとして、データの潜在的可能性を無限に広げます	ソフトウェアの開発/ソリューションの提供	パンデミックにおける問題解決の専門知識と技術的作業を提供して、政府の対応策の策定に貢献
味の素	「おいしく食べる」ことで健康な社会を築く	食品の研究開発やアミノサイエンスを活用した医薬品の開発など	●地域の食文化に合わせた製品開発 ●健康課題の解決に向けたうま味の活用 ●子どもたちの栄養改善を推進する栄養指導人財の育成
トヨタ自動車	可動性を社会の可能性に変える	自動車の製造	LIXILと共同で、移動型バリアフリー型トイレを開発
キリンビール	全ての事業展開国で、アルコールの有害摂取の根絶に向けた取り組みを着実に進展させる	発酵/バイオテクノロジーを元にした食品/医療/ヘルスケアサイエンス事業	適正飲酒や飲酒マナーの啓発を、地域の課題に応じて実行する
NTT ドコモ	スマートイノベーションへの挑戦	通信を軸とした携帯電話/動画配信/決済/生活関連サービスなど	大学教授をはじめとした講師陣による講義を、誰でも無料で受けられるウェブサービスの提供

出所：各社HPよりAC作成

ＳＤＧｓに代表される地球と社会全体への配慮や、一人ひとりの個性や多様性を満たす取り組みなど、従来の基準では測りにくい価値観がより重視されるようになってきています。

これまで一部の社会活動家や、市民の草の根活動のレベルだったこちらの動きが、経済成長を第一優先と考えてきた人たちの間でも重要視され始めてきたことに、本質的な意味とインパクトがあると私は考えています。

マーケティングの大家として有名なマイケル・ポーターは、２０１１年に発表した論文のなかで、未来におけるビジネスの考え方としてＣＳＶ（Creating Shared Value）という概念を提唱しました。これは、企業が事業活動で利潤をあげると同時に、社会的な課題解決も実現していく考え方です。まずは本業で利潤をあげ、その利潤の一部を社会課題に還元するという、CSR（Corporate Social Responsibility）の発想をさらに推し進めたものになっています。

ネスレ、グーグル、ユニリーバ、インテル、ウォルマートなど、各分野で世界をリードするマーケットリーダーは、これを基幹戦略として導入し、実践を進めています。日本でも、たとえば味の素はASV（Ajinomoto Group Shared Value）と称して、経営戦略の中核に置いています。ほかにも、トヨタ自動車、キリンビールをはじめとした大手ブランド企業も、事業のなかでCSVを実践してきています。

「モノ消費からコト消費へ」という言葉を聞いたことがある人もいるかもしれません。ものの自体がもたらす価値よりも、ものに付随する「体験や経験によって生まれる感覚や感情」に重きがおかれる消費傾向を指し、「エクスペリエンス・エコノミー」と表現されることもあります。

私たちは大衆として扱われ、大量に生産された画一的な商品・サービスを消費するだけではもはや満足できません。人それぞれの体験やそれを通じた意味という個人的な価値と結びつくことで、初めて満足を得られるのです。

そのような消費者の変化に対し、企業やブランドは、大衆やセグメント（分類）として括っていた人々を、改めて「個」として識別し、その個を尊重しているというメッセージが伝わるよう、商品やサービスをパーソナライズすることが求められるようになっています。

時代の価値観に即した企業が選ばれ、生き残ってきたように、これからの時代の価値観を理解し、そのなかでの豊かさをつくり出せる企業やブランドが、新しい時代の担い手となり、社会や顧客の支持を得ていくことでしょう。

そのためにも、これからの時代の豊かさとは何か、その豊かさを生み出すための行動や環境とはどんなものかを考えながら、「豊かさを生み出すブランド」の要件を見出していきます。

02 精神的な充足を生み出す

これからの時代の豊かさとはどういうものでしょうか。

前章でも取り上げた山口周氏は、地球全体で従来の価値観による資本主義経済が行き詰まるなか、真に豊かな社会を目指すための示唆や方向性を提示しています。


経済合理性にハックされた思考・行動様式を、「喜怒哀楽に基づく衝動」によって再びハックし返すことで、経済合理性だけに頼っていては解けない問題の解決、あるいは実現できない構想の実現を図る山口周『ビジネスの未来 エコノミーにヒューマニティを取り戻す』

これからの社会では、経済合理性では解けない問題こそが重要になります。経済合理性で扱うことができた問題はあらかた解決し、それでは解けない問題が無数に散らばっている状態とも言えます。そして、それらの問題を解く際に、便利かどうか、得をするか、という価値観ではなく、喜怒哀楽に基づく衝動を満たすかどうかという観点こそが役に立つようになるということです。

「喜怒哀楽に基づく衝動」を噛み砕くと、それは人が純粋に感じる喜びや感動、安心や信頼などの感情ということになります。

商品やサービスによっても異なりますが、自分たちが提供するものが、顧客の人生や社会にどんな喜びや感動を生み出すのか。どんな安心や信頼をもたらすのか。事業を通じて、これらの抽象的な問いに対する具体的な答えを提示していくことが、「これからの時代の豊かさ」を生み出す企業やブランドに求められるのです。

理念やヴィジョンとして、喜びや感動、安心や信頼を満たすことが掲げられ、企業活動や一人ひとりの行動につながっていること。また、それらが顧客や社会にも理解され、評価されていること。これこそが「豊かさを生み出すブランド」の要件として重要なポイントになるでしょう。

「そうは言っても、そんなご立派な考え方は大企業のもので、中小企業にはそぐわない」と思われる人もいるかもしれません。けれども、経済合理性ではない部分で勝負をしていく考え方は、経営資源の少ない中小企業こそ取り入れるべきです。

経済合理性に基づく価値を突き詰めると、競争すべきポイントは品揃えや金額、利便性の高さなどに絞られていきます。これらのポイントで競争するのは、中小企業には圧倒的に不利です。

このパワーゲームの覇者が、言わずと知れた世界一のオンラインリテーラーであるアマゾンです。アマゾンと同じような量や品揃え、さらに規模の経済を活かした価格などで勝負できる企業は、世界は広いといえども、数えるほどしかないでしょう。

しかし、特定の顧客を深く喜ばせたり、感動を与えるということならば、中小の事業者であってもアマゾンを凌げるかもしれません。むしろ規模が小さいからこそ、画一的にならずに個々の顧客に深く寄り添うことができるとも言えます。

経済合理性を突き詰めた先にあるのは、規模の経済やそれに伴う「一人勝ち（ウィナー・テイク・オール）」の世界だとすれば、そもそも経済合理性のゲームに乗らない選択肢は、大きな資本や事業基盤を持たない中小企業にこそ残った勝ち筋ではないでしょうか。

ザッポスという会社をご存じでしょうか。「アマゾンが屈服した」「ジェフ・ベゾスがどうしても欲しがった」などの謳い文句で語られる靴のオンラインＥＣの会社です。

ここでは「世界に幸せを届けること」を経営理念に、顧客とスタッフを幸せにするという企業文化が徹底的に共有され、それを具体的に実現していくことで、創業10年で１２００億円近い売上をあげるまでに成長しました。

お客様を幸せにするために、スタッフが楽しんで仕事に取り組める企業文化をつくりあげ、他の会社には絶対に真似できないような独自性、つまり競争優位を築き上げてきました。経済合理性でなく、喜びや感動を唯一無二の価値とした事例です。

03 地球や社会に配慮したものづくり

ヴィジョンの次は、豊かさを生み出すための企業活動について考えていきます。

豊かさを生み出すためには、2つの方向性のストーリーづくりが重要になります。

1つ目は、社会全体の文脈や価値とつながるストーリーづくりです（私は「大きな物語」と表現しています）。地球や社会に配慮した行動や姿勢がそれに当たります。SDGs（Sustainable Development Goals／持続可能な開発目標）やエシカル消費という言葉に聞き及びがあるかもしれませんが、それらが企業活動に必然性のあるものとして組み込まれていることが重要視されてきています。

これらの活動を取ってつけたものでなく、自分たちの真ん中の価値観として、商品やサービスに組み込んでいくか。そのためのストーリーをいかにつくるかが大切なのです。

エシカルな動機に基づいた代表例として、マザーハウスという会社があります。マザーハウスは、発展途上国の素材や技術を活かしたブランドを世界に届けるという理念を掲げ、鞄や雑貨などのものづくりと販売を行っています。

創業者の山口絵理子さんは、学生時代のバングラデシュ留学で劣悪な環境で安いものづくりを強いられる現地の職人たちの実情に問題意識を感じて、事業を始めました。

創業の経緯からも、エシカルであることがマザーハウスのストーリーの源であり、企業理念の真ん中にあるということがわかります。

山口さんはこのようにも語っています。「それでも、やっぱり大事なのはプロダクトです。いくら環境に優しくても、かわいくなかったら、品質が悪かったら、誰も買いません。一我々は徹底的にいかに品質を上げるかを追求するものづくりに注力してきました。その点が明確な差別化になっています」

ここからはエシカルな要素をものづくりの芯に織り込み、一過性の興味や流行りではないレベルでものづくりに取り組む姿勢が伺えます。

また、「ESG投資」というキーワードを耳にする機会も増えました。ESG投資とは、環境（Environment）、社会（Social）、ガバナンス（Governance）の頭文字を取り、商品開発やサービスだけでなく、経営の面でこれら3つの視点を常に意識するように働きかけるものです。これまでは要素として組み込まれなかった環境や社会、ガバナンスに対する貢献や配慮について、投資家も関心を持つようになったことを端的に表しています。

鎌倉投信という投資信託会社では、「いい会社に投資する」ことを掲げています。自分たちが考えるいい会社の基準に基づいて、次のような企業を投資先に選定していますが、まさしくE

SGの概念が組み込まれています。

・優れた企業文化を持ち、人財を活かす企業
・循環型社会を創る企業
・日本の匠な技術、感動的なサービスを提供する企業
（鎌倉投信ｗｅｂサイトより引用）

大きなストーリーづくりで難しいのは、ポジティブな評価よりも、ネガティブな評価がなされやすいことです。

たとえば２０２１年5月には、強制労働などの人権問題が報じられ、新疆《しんきょう》ウイグル自治区でつくられたユニクロの製品が禁輸命令に違反した可能性があるとして、アメリカが輸入を差し止めました。ユニクロは、「製品の生産過程において、強制労働が確認された事実はありません。そのため当該製品は、押収対象にはならず、あくまでアメリカへの輸入差止措置にとどまっている」というようなコメントを発表し、人権問題を招くような企業活動は行っていないと否定をしています。

また、アルファベットやテスラなど、リチウムイオンバッテリーに関係する複数のテック系

企業が、アメリカの人権団体から提訴されたという報道もありました。リチウムイオンバッテリーに不可欠なコバルトの採掘において、コンゴ民主共和国の採掘現場の劣悪な環境下で、児童を含めた労働搾取が起きているという主張がなされたのです。

これらの問題に対して細かく論じるつもりはありませんが、社会全体が企業に対する目線の厳しさを増していることは確かでしょう。これは、インターネットとSNSの発達と決して無縁ではありません。インターネットの登場以前は、個人の情報発信力で社会を動かすのは簡単ではありませんでした。しかし、いまやSNSでの1つの小さな活動や意見が、世界的なムーブメントを起こす時代でもあるのです。

「気候変動のジャンヌ・ダルク」と言われるスウェーデンの高校生活動家、グレタ・トゥーンベリさんが、たった1人で始めた「未来のための金曜日」という活動は、SNSで世界中へと拡散されました。この活動は、グレタさんが2018年から毎週金曜日にストックホルムの国会議事堂前で座り込みを行っていることに、多くの人々が共感を示したものです。2019年12月にマドリードで開催された「グローバル気候マーチ」では、50万人以上もの若者を集め話題となりました。これらの活動は世界の若者にも影響を与え、毎週金曜日に授業をボイコットするムーブメントへと発展しました。

消費者は地球や社会の課題に対して、企業やブランドがどのように向き合っているかにも厳しい目を向けるようになってきました。単に商品やサービスの良さだけでブランドを選ぶ時代は、過去のものになりつつあります。

04 個性と多様性に応える

豊かさを生み出すもう1つの行動は、「個性と多様性に応える」ことです。地球環境や社会との結びつきが「大きな物語」だとするならば、その対極にある「個人」という存在の価値観やニーズに応えることは、「小さな物語」への適応と表現できるかもしれません。

人それぞれの嗜好を捉え、それに対応していくことをパーソナライズと呼びますが、単に物理的なニーズの違いに対応するだけでなく、個人にとっての特別な「意味」を生み出すことがブランドづくりにおいても極めて重要なものだと考えています。

パーソナライズは、はじめは物理的な存在を伴わない、情報やデジタルコンテンツの領域から始まりました。個人の購入履歴を元に、おすすめの本や商品を提案するレコメンドサービスや、インターネット上の行動履歴データ、本人が登録した興味関心に応じて広告やコンテンツを出し分けするパーソナライズ広告などへと広がっていきました。

物理的なものの領域では、オーダーメイドという古典的な方法はありましたが、1章で紹介したように、「選ばれし人」のためのものづくりという位置付けでした。

クリス・アンダーソンがその著書『MAKERS』のなかで紹介した3Dプリンターなどのデジタルマニュファクチュアリングが盛んになってきた2010年頃からその認識が変わってきました。従来の量産化技術に最新のデジタル技術を組み合わせたり、手仕事を組み合わせることで、一つひとつのものを少しずつカスタマイズし、コストを抑えながらオリジナルを生み出す手法として、ものづくりのパーソナライズも注目されるようになってきました。

①アパレル・スキンケアのパーソナライズ（ZOZO／FABRIC TOKYO／メデュラ）

ものづくり領域でのパーソナライズサービスとして高い注目を集めたのが、アパレルECのZOZOが手がけた「ZOZOSUIT（ゾゾスーツ）」というパーソナルオーダーサービスです。ゾゾスーツという特殊なウェアで身体データを測定し、そのデータからスーツをつくり上げるサービスとして、メディアなどでも盛んに取り上げられました。

現在では収集したパーソナライズデータを活かして、別の方式のカスタマイズに取り組んだり、靴や眼鏡といった商品特性の異なる領域にチャレンジしながらものづくりのパーソナライズに取り組んでいます。

オーダーメイドスーツは、大手からベンチャー企業まで、多くの企業が進出した領域です。D2CサービスのFABRIC TOKYO（ファブリックトウキョウ）は、創業から9年で全国22店舗の店舗を構えるベンチャー企業ですが、1回店舗に足を運んで採寸すれば、2回目以降はその情報に基づいてスーツが仕立てられるという仕組みです。安くオーダースーツが仕立てられることから、若い層を中心に顧客層を広げています。

また、ヘアケアやスキンケア、化粧品といった業界でもパーソナライズサービスが進んでいます。個人の皮膚の状態や肌の悩みなどに沿った成分を配合し、商品を提供するキュロロジーやアトラといった海外の先行企業だけでなく、日本でもいくつかの事例が出てきました。

オンラインカウンセリングによって、一人ひとりの髪に合わせてカスタマイズできるシャンプーセットを提供するメデュラは、スマホでおよそ10個の質問に答えることで髪質を診断し、その情報からカスタマイズしたシャンプーを配送してくれます。それだけでなく、メデュラでは定期的に一人ひとりに応じた処方やヘアケアの提案も行っています。

肌や体質は個人差があり、それゆえ1人で悩みを抱えていたり、多種多様な商品が出回るなかで、自分に合うものが見つからないということが往々にしてあります。だからこそ、個性に応じた商品やサービスの潜在的なニーズが極めて高い分野なのです。

これらの事例から、カスタマイズサービスを通じて、顧客ごとのニーズに沿ったオンリーワンという価値が生まれることがわかります。単にデザインや仕様だけでなく、感情や情緒的な面など、その人にとっての「意味」として特別なものになった時に、もののパーソナライズの本質的な価値が発揮されていきます。

②スターバックスのモバイルオーダー

スターバックスコーヒーが提供しているモバイルオーダーサービスをご存じでしょうか。スマホで店舗を選び、商品を注文しておくだけで、数分のうちに準備完了の通知が届きます。あとはその店舗に受け取りに行くだけ、というシンプルなサービスです。

私はコーヒーが好きで、仕事前や合間には必ずと言っていいほどコーヒーを飲みます。移動しながら仕事をすることも多く、このサービスを非常に重宝しています。

せっかちな性格の私には、待つ時間がないのはそれだけで価値があるのですが、このサービスの優れている点は、便利なだけにとどまらず、スタバの楽しみ方をもっと広げる仕組みが組み込まれているところです。

スタバでは元々クリームの量や有無などを自分の好みにアレンジができます。これはコーヒーを自由に、フランクに楽しんでほしいというスターバックスの理念に基づいていたサービスですが、店頭であれこれ悩んだりするのは面倒、気恥ずかしいという意識が働き、積極的に利用できていない人も少なくないかと思います。

アプリならば、アレンジや今まで知らなかったトッピングなど、人の目を気にせず、気兼ねなく注文できます。自分自身の好みやニーズに対応してくれて、スタバならではのコーヒーやドリンクの楽しみ方に気づかせてくれることで、今まで感じることのなかったスターバックスへの愛着すら湧いてきています。多種多様なカフェや喫茶店の選択肢のなかから、選ばれる理由をつくるという意味で素晴らしいパーソナライズサービスだと感じています。

大規模チェーンの難しさはあるでしょうが、接客履歴を活用し、「いつもありがとうございます」や「前回のものと比べるとマイルドな味わいですよ」などとコミュニケーションを促進するようなスタッフオペレーションが浸透すると、さらに魅力的なものになるかもしれません。

もの自体をカスタマイズしてパーソナライズするのではなく、個々人の体験に着目することで独自の価値づくりを実現している「スノーピーク」というアウトドアブランドをご紹介します。

③スノーピーク

スノーピークは1958年、オリジナルのアウトドア用品をつくる企業として新潟県燕三条でスタートしました。現在では、「スノーピーカー」と呼ばれる熱心なファンを持つメーカーとして、機能的かつシンプルで美しいデザインのキャンプ用品をつくり続けています。

スノーピークが掲げるヴィジョンは、「人間性の回復」です。このヴィジョンには、アウトドアに触れ合うことで人間が本来持つ人間らしさを取り戻しながら、より豊かに生きていく、という思いが込められています。また、商品を提供するだけでなく、各地で同社主催のキャンプイベントを開催したり、大手マンションデベロッパーと協業し、マンション1階の庭にアウトドアが楽しめる「半ソト空間」を設けるなど、実際のアウトドア体験ができる環境を提供し顧客と触れ合うことで、他にはないオンリーワンの関係性を生み出しています。

このように「体験」が生み出す独自性に着目し、商品やサービスに組み込んでいく流れを

「エクスペリエンス・エコノミー（経験経済）」と言いますが、この観点もパーソナライズにおいて重要なポイントの1つです。

④ith（イズ）

ここで、私たちが取り組んでいるオーダーメイドの結婚指輪工房「ith（イズ）」についても少しご紹介します。詳しくは5章でお伝えしますが、ここではお客様ごとの意味をつくり、小さな物語を満たす事例としてここでも紹介します。

ith（イズ）では一組一組のお客様に寄り添って、その希望を伺いながら、お客様ごとの希望を叶えるオンリーワンの結婚指輪、婚約指輪をつくっていますが、物理的にサイズやデザインが異なる指輪をつくる以上に大切にしていることがあります。

それは、一組一組のお客様が、自分たちの想いや思い出を指輪に込められる、つまり、指輪を通じてそれぞれの物語をカタチにするお手伝いをするということです。

素材や設計の良し悪しには当然こだわっていますし、一生使うに足る品質の商品を提供するのはメーカーとしての責務です。しかし、さまざまな競合がしのぎを削るなかで、デザインや品質だけで違いをつくるのは容易ではありません。ith（イズ）が他のブランドとの本質的な違いを生み出しているのは、お客様がｉｔｈ（イズ）での指輪づくりを体験するなかで生まれる「意味」の部分です。

カップルが共同作業として好みやこだわりを交わしながら、２人だけの指輪を生み出していく。私たちは徹底してお客様に寄り添い、その体験をサポートしていく。指輪づくりのプロセス全体を通じて、ものとしても、意味としてもオンリーワンの指輪を提供することが、私たちが実現したい顧客価値なのです。

オーダーメイドというと、個別にものをつくり分けることが何より大事だと考えてしまいますが、物理的に個別のものをつくるよりも、顧客それぞれに個別の意味をつくり出す方が大切であり、それこそが「パーソナライズ」なのです。

ｉｔｈ（イズ）では求めるイメージのないお客様でも、自分たちが欲しいと思える指輪にたどり着けるよう、サンプルとなるコレクションリングを用意しています。それを元に「こうしたい」「この模様を入れたい」と試着を繰り返し、あれこれと悩んだ挙句、元からあったデザインにたどり着くこともあります。

デザインだけを取ればオンリーワンにはならないかもしれませんが、カップルで相談しながら、さまざまな選択肢や可能性を検討し、たどり着いた答えという意味では、２人だけの物語が宿るオンリーワンの指輪になるのです。

あらゆる情報へアクセスできる今の世の中では、特定の権威や価値観が基準になる時代から、嗜好の合う小さなコミュニティや、個人の価値基準が重視される時代へと移り変わろうとしています。

消費者は、ある商品やサービスが万人にとってのものではなく、自分にとって価値があるかを意識します。それが自身にとっての「満足度」や、「豊かさ」を決める大きな要因になるのです。

また個々の違いを認め、尊重するということは「多様性への対応」でもあります。LGBTQへの理解や対応などは、社会全体の問題という大きな物語であると同時に、個々に寄り添い小さな物語をつくり出すこととも言えるのではないでしょうか。

05 「働く」ことで手にできる喜びと学び

「豊かさを生み出す」ブランドの行動要件として、社会や環境に貢献、配慮する「大きな物語」と、一人ひとりの個性や違いに対応する「小さな物語」を満たす取り組みが重要だとお伝えしましたが、社会や顧客にその活動を理解してもらうには、企業活動を実際に支える社員やスタッフがどのような心持ちで仕事に取り組むかが重要になります。

顧客や社会という外からの目線だけでなく、内側からも自分たちの事業が「豊かさを生み出している」ことをきちんと自覚し、行動へとつなげられているか。そして、自分たち自身も仕事を通じて幸せや満足感といった豊かさを感じられているか。このように、ヴィジョンに基づく実際の行動と、それらが生み出す価値が、社内外を問わず連動し、循環していくことが大切です。

スタッフ一人ひとりは、企業の一員であると同時に、社外に出れば1人の消費者でもあります。自身が携わっている仕事が、消費者の視点で見て、世の中に何らかの貢献をし、お客様に何らかの幸せや豊かさを生み出している。そう思えるからこそ、世の中に広めたい。そして、自分自身がその仕事に何らかの形で携わることで、金銭的な報酬だけでなく、喜びや充実感といった心の豊かさも感じられる。

働く側の目線からも、顧客や社会全体とつながる「大きな物語」と、自分自身を満たす「小さな物語」の両方を実現させることが、豊かさを生み出すために必要になるのです。

企業の活動をめぐる感謝と喜びの循環

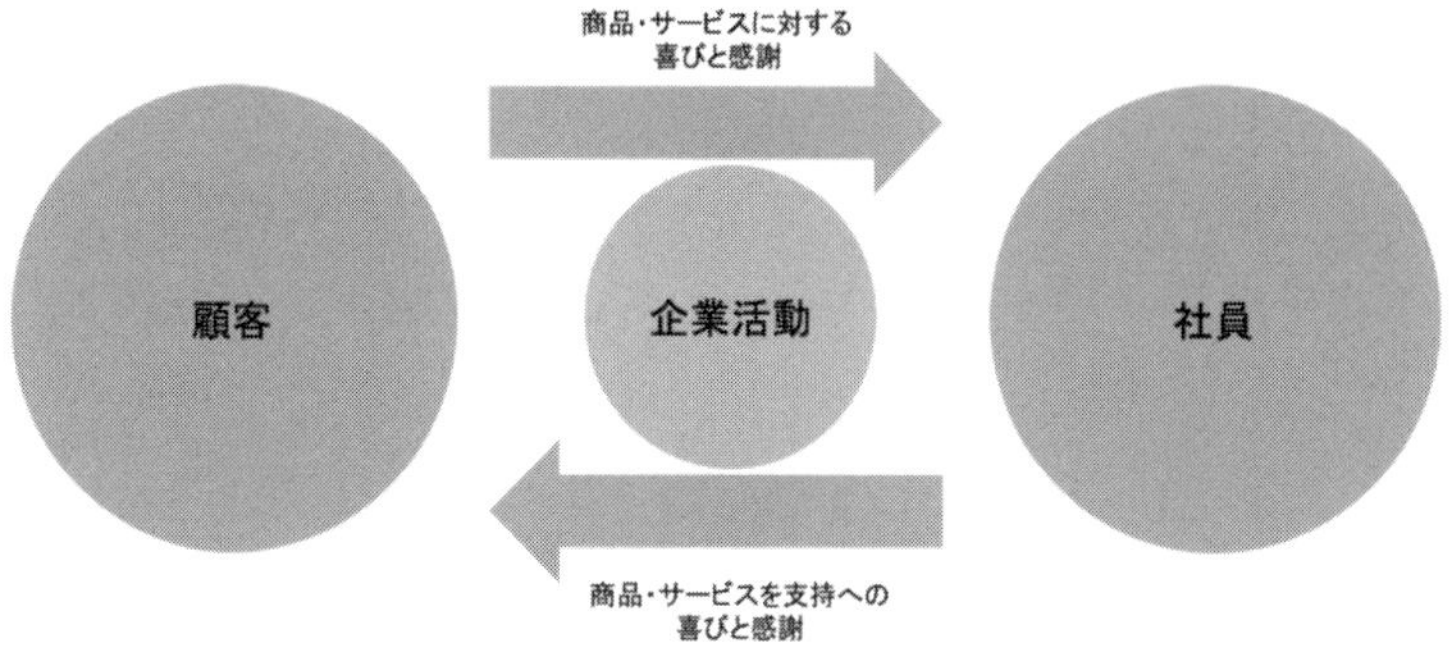

そして、顧客と働き手の間で、喜びと感謝が相互に循環するような仕組みづくりが、豊かさを生み出す経営の基盤となります。

ここで重要になるのが、顧客と働き手それぞれの「顔が見える」関係性です。

1章で説明した産業革命は、工場での機械生産によって大量生産のものづくりを実現することで、世界全体の生産性と経済の拡張に大きく貢献しましたが、その一方でつくる側と使う側の「顔が見える」関係性を奪ってしまいました。

農民や職人として働いていた人間が、工場の単純労働者として歯車の一部のように劣悪な環境下で働かされることに警鐘を鳴らした1人が、イギリスの社会活動家ウィリアム・モリスでした。

彼が主導した「アーツ・アンド・クラフツ運動」は、工業化によってものづくりから失われた「美の観点」から語られることが多いですが、そこには働く喜びを職人の手に取り戻そう、という考えも含まれていました。モリスは、顧客や使う人の存在が感じられない仕事はただの苦役であり、働き手自体の存在もおとしめていくということを見抜いていたのです。

産業革命から現在に至るまで、さまざまなイノベーションや環境改善が行われ、(少なくとも先進国においては)かつてのような劣悪な労働環境は減ってきています。しかし、今なお取り戻されていないのが、生産者と顧客との「顔が見える」関係性ではないでしょうか。

工業化によって規模は拡大し、生産、流通と分業化が進む社会では、つくる人間と使う人間が互いの存在を意識することは、物理的に難しくなっています。今この本を読んでいる皆さんの周りを見渡しても、つくった人の顔がわかるものはどれだけあるでしょうか。よく考えると、どこで、誰が、どうやってつくったのかわからないものがほとんどのはずです。

しかしながら、インターネットなどのテクノロジーの発展や、それに伴う人々の意識や社会環境の変化によって、つくる側と使う側の「顔が見える」関係性を取り戻す動きはすでに生まれてきています。

SNSなどを通じて、事業者と顧客がダイレクトにつながるD2Cもその1つです。事業者と顧客がダイレクトにつながることの価値や意義は、一般的に顧客側の目線で語られることが多いのですが、働き手、特にものづくりに従事する人間にとっても顧客とダイレクトにつながれるということは、自分たちの存在価値を確かめるうえで重要な意味を持っています。


消費者の顔が見え、コミュニケーションを取ることができれば、自分の仕事に対する反応が直に感じられます。顧客からの反応を求めて、「もっと良くしよう」「ここを改善しよう」と、つくり手は腕を磨き、その結果として報酬を得ることにもつながります。

職人に限らず、どんな仕事であっても、自分の仕事が誰かの役に立っていることを実感することは、仕事を充実させる鍵でもあり、ひいてはその積み重ねが人生を豊かにしていくはずです。

「顔が見える」というと抽象的に思われる人もいるかもしれませんが、要は自身の仕事に対して何らかのフィードバックが得られる状態をつくることが大切です。ビジネスは顧客があって成り立つものですから、顧客からのフィードバックが最もシンプルに自分たちの仕事の価値を理解させてくれます。

規模が大きな組織になるほど、顧客から直接的なフィードバックを得るのは難しくなるでしょう。それでも、インターネットやSNSなどを活用して顧客からの声を収集し、それを社内やパートナーと共有したり、一緒に働く仲間同士で互いの仕事を讃えあったりする仕組みづくりができれば、働く喜びを高めることは決して不可解なことではないのです。

私たちの会社では、毎週マネジャー陣からスタッフに向けたメッセージを動画配信しています。その一環で「頑張った人、頑張った仕事」と称して1人を選出し、スタッフたちからもアンケートで励ましの言葉などを集め、フィードバックするような仕組みをつくっています。

褒められると嬉しくなるのが人間の真理です。普段から感謝の気持ちを感じてはいても、それを口に出して表現する機会はそう多くはありません。仲間から褒められることは、社内での自分の存在意義を再確認し、業務に対する前向きな姿勢の醸成にもなります。

「顔が見える」ということがポイントであると述べましたが、精神的な豊かさには、顧客、スタッフを問わず、**人と人とがつながりを感じあえるということ**が密接に関わっています。つながりを感じられる仕組みをつくり出すことが、豊かさを生み出す経営の大事な要件です。

06 倫理観を培う

本書の冒頭でも申し上げたように、現代は成長の時代から、成熟の時代へ移り変わる過渡期だと考えられます。

成長の時代には、量的な拡張を肯定し、経済合理性に従うことで大抵のことは判断がつきました。経済合理性とは、損か得かの判断とも言えます。損得を考えたうえで物事を判断し、行動することが最も成功確率が高い方法論だったわけです。

けれども、社会全体のなかでの循環や、質的な価値づくりが重要になる時代へと移り変わると、経済合理性とは別の価値判断基準が必要になってきます。先ほど「喜怒哀楽」が判断基準になるという話をしましたが、その時に求められるのが、「倫理観」のような価値概念だと考えています。

倫理観の解釈は難しく、文化や時代によって変化する曖昧な言葉だと思います。現代マネジメントの父とも呼ばれるピーター・ドラッカーは、古代ギリシャの医学者ヒポクラテスの言葉を引用し「知りながら悪を為さない」ことをプロフェッショナルが持つべき倫理観だと述べています。

たとえばコストは上がるけど環境に配慮した材料を使う。お客様の要望に合わないものは利益が出せても無理に提案しない。そういった判断を支えるのが、倫理観というものではないでしょうか。

もちろん資本主義の社会では、企業が果たす根本的役割は利潤を生み出すことであり、そのために経済合理性が重要であることにこの先も変わりはないでしょう。

倫理観に基づく判断と、損得に基づく判断は、時に相反する行動と結果を生じさせることがあります。

正しい判断を導くためには、経済合理性と倫理観のいずれにおいても深い見識を養い、それらを両立させていく高度なバランス感覚が求められます。そんな難しい時代になっているわけです。

倫理観の大切さを伝えながら、真逆のことを言うようですが、「衣食足りて礼節を知る」「貧すれば鈍する」という言葉があるように、経済的に苦しい状況に置かれては、倫理よりも損得や自己保身を優先するのが人間の性《さが》でもあります。

苦しい場面で発揮される善悪の判断こそが、倫理観であるという一方で、聖人君子ではない人間が倫理的な判断をできるように、十分な利益を生み出す仕組みを整えることも、結果的に倫理観のある組織や社会を育むために重要なことです。

07「豊かさを生み出す」ブランドの要件

改めて、「豊かさを生み出す」ための企業・ブランドとしての要件を整理すると、89ページの図のようになります。豊かさを生み出すために、いずれも欠かせない要件ばかりです。

ここまで、いくつか企業事例を紐解きながら、新しい時代の「豊かさを生み出す」ブランドについて考えてきました。これらの企業は成熟化していく社会のなかで、新しい価値観に呼応し、先取りしながら、社会や顧客の支持を獲得し、新しいスタンダードとして世の中の価値観を導いていくでしょう。

ここで提示した要件は、新たな豊かさを生み出すブランドや企業の全体感を摑む最低限のものです。より専門的な調査や分析がなされるべき部分もあるでしょうが、ここで大切なのは、私たちは学者や評論家の立場ではなく、企業経営の実践者であるということです。

先行事例に倣いながら自分たちの企業活動で実践してみることが何よりも大事だと考えています。


豊かさを生み出す取り組みは、大企業や、特別な志を持ったベンチャー企業だけではなく、日本中の「志ある普通の会社」こそ実践すべきです。

ある地方企業の若手経営者の集まりに参加した際、江戸時代から続く老舗企業の社長が「SDGsやCSVという概念が注目されているけれど、我々のような地方企業にとっては代々当たり前になされてきたことだ」と発言をされていました。

顧客、スタッフ、地域社会それぞれを大切にしながら、社会と共存繁栄する「三方よし」の考え方は、多くの日本企業にとって昔から馴染み深いものです。

時代の移り変わりに際し、欧米を中心としたグローバルな経済や社会が、日本人や日本文化のなかで根付いてきた感覚や価値観を再評価し、思考の枠組みをアップデートしようとしています。『グレート・リセット』のなかでも、これまでネガティブに捉えられてきた「ジャパニフィケーション（日本化）」というものが、実は多くの先進国が今後経験していくであろう社会変化のなかで、むしろ見習うべきあり方や価値観だとして紹介されています。

豊かさを生み出すブランドの要件

ヴィジョン
社会全体とその中で暮らす人それぞれを 精神的に豊かにする企業ヴィジョンが掲げられているか

ヴィジョンを実践する行動	
商品やサービスの 提供プロセスにおいて、 地球や社会全体への 配慮や貢献が含まれているか	一人ひとりの多様性を 踏まえたニーズを満たす 商品やサービスを 提供できているか

行動を支える環境	
仕事を通じて 働く喜びとやりがいが 実感できる事業環境が できているか	経済的価値基準のみでは なく倫理的な価値基準を もち得ているか

「一つは、日本は豊かな国々の中でも社会格差が小さいこと。もう一つは、1980年代の後半に投機バブルが崩壊して以来、派手な消費の割合が世界でもかなり突出して低いことだ。現在では、(「こんまり」こと、近藤麻理恵による番組で広まった)厳選して少ないものを所有するメリット、一生をかけた人生の意義や目的(「生きがい」)を探し、自然の大切さや森林浴の習慣などが、世界各国で真似されている。」

クラウス・シュワブ・ティエリ・マルレ『グレート・リセット　ダボス会議で語られるアフターコロナの世界』

これから迎える成熟化社会において、日本人や日本文化の価値観が世界中で重要視され、評価される兆しが、グローバル社会で生まれてきているのです。

これまで真摯に世の中と向き合い、ものづくりやサービスを行ってきたごく普通の日本企業の中から、世界に通用する企業やブランド、商品、サービスが生まれる可能性があります。

5年、10年と事業を継続してきた企業であれば、すでに何らかの強みがあることでしょう。変化する世の中の環境をきちんと理解したうえで、ポイントを押さえて企業を変革させることで、潜在的に持つ強みに新しい光を当てることができるはずです。

押さえるべきポイントは大きく2つあります。1つ目は、デジタル化する社会環境を理解し、いわゆるDXによってデジタル環境に対応すること。2つ目は、デジタル化する社会環境のなかで、ブランドという概念を理解し、実践していくことです。

誰もが情報の発信者であり、受信者でもある世界で問われるのは、社会全体と適切にコミュニケーションをとりながら、自分たちの仕事や商品、そしてそこから生まれる価値をきちんと表現し、理解してもらうことです。そのための技術と仕組みが「ブランド」なのです。

この2つのポイントをできるだけわかりやすく紐解き、普通の会社や個人が、それぞれの形で取り組めるようにすること、デジタル社会のなかで「ブランド」という概念を民主化し、強みを持つものづくり企業の未来を拓いていくことが、この本の最大の目的です。

次章以降では、豊かさを生み出す要件を実現するための、「デジタル化」と「ブランド」についてさらに詳しく考えていきます。

第3章

デジタル化でものづくりをアップデートする

01 中小企業のものづくりにおけるDXとは

新しいパラダイムシフトのなかで、企業を取り巻く全体が良くあるべきという、ステークホルダー資本主義の考え方が注目を浴びつつあります。

時代が日本企業が大事にしてきた経営のあり方から世界が学ぼうとしているとも言えますが、日本企業の多くが、その特性や長所を活かして世界で活躍できる状態かと言えば、到底十分とは言えないでしょう。

輝くためのタネは持っていても、それを実らせきれていないのが、多くの中小企業の現状です。そして、その阻害要因の1つが、「デジタル化の遅れ」です。

ガスや水道などと同じように、情報ネットワークが社会インフラとなっているなかで、デジタルフォーマットに合わせなければ、存在すらも認識されない状況が生まれていきます。コロナ禍の状況において、その重要性は否応なしに増しています。このような現実においてデジタル化への対応は、まず第一に克服すべき課題です。

近年はＤＸ（デジタルトランスフォーメーション：デジタルの活用による企業変革）という言葉を旗印に、国を挙げたデジタル化の普及推進が図られています。

経済産業省がまとめたデジタルトランスフォーメーションの加速に向けた研究会の中間報告書『ＤＸレポート２（中間取りまとめ）』のなかでも、コロナ禍のなかで加速するデジタル化の重要性について以下のように述べられています。

２０２０年に猛威を振るった新型コロナウイルスの影響により、企業は事業継続の危機にさらされた。企業がこの危機に対応するなかで、テレワークをはじめとした社内のＩＴインフラや就業に関するルールを迅速かつ柔軟に変更し環境変化に対応できた企業と、対応できなかった企業の差が拡大している。押印、客先常駐、対面販売等、これまで疑問を持たなかった企業文化、商習慣、決済プロセス等の変革に踏み込むことができたかどうかが、その分かれ目となっており、デジタル競争における勝者と敗者の明暗がさらに明確になっていくことになろう。

コロナ禍での倒産のニュースや、企業の業績発表などを通じて、「環境変化に対応できた企業と、対応できなかった企業の差が拡大」している状況を、多くの人が実感しているでしょう。

レポートのなかでは、ＤＸの本質として以下のように述べられています。

コロナ禍が事業環境の変化の典型であると考えると、ＤＸの本質とは、単にレガシーなシステムを刷新する、高度化するといったことにとどまるのではなく、事業環境の変化に迅速に適応する能力を身につけること、そしてその中で企業文化（固定観念）を変革（レガシー企業文化からの脱却）することにあると考えられる。

このレポートにもあるように「事業環境の変化に適応する能力」を身につけることが根本的に大事です。

本章では、ヒト・モノ・カネといった経営資源に乏しい中小企業の実情を踏まえながら、私たちが直面する事業環境の変化に適応していくために、デジタルをどう活用していくか、中小企業ならではのＤＸの手がかりをお伝えしていきます。

02 圧倒的に遅れている手仕事のデジタル化

業務の効率化やコストダウンを進め、環境の変化に適応するために、デジタル化は欠かせない要素ですが、まだまだデジタル化が進んでいないのが手仕事のものづくりに関わる領域です。「デジタル化できないからこそ、手仕事の価値があるんじゃないか」という反論もあるでしょうが、その作業内容を細かく紐解くと、一部分をデジタル化することで生産性が高まったり、作業管理といった、周辺の仕事のなかにデジタル化できる部分があることに気がつきます。こういった領域をデジタル化することで、デジタル化できない手仕事本来の価値を増幅させるというのがここで提唱するアプローチです。

日本に限らず、大量生産大量消費の時代のなかで、職人の手仕事は片隅へと追いやられていきました。一つひとつのものに高いクオリティを求めるよりも、そこそこのものをたくさんつくれる方が重要視されるようになった結果、手仕事は機械に置き換えられるか、より人件費の安い国や地域に移植される運命にありました。

もちろん、手仕事のすべてが絶滅してしまったわけではありません。日本国内では文化保護として国や自治体からの助成金などで守られ、一部の富裕層向けの仕事を請け負ったり、アートとして生き残ってきた伝統工芸や職人仕事もあります。

そのような状況のなかでは、むしろ手仕事にデジタルを介在させずに神聖化させておく方が、理に適っていたという側面もあるでしょう。また、小さな町工場のなかには、熟練の職人の手仕事によって機械ではつくれない、精度の高い部品・製品をつくっているようなところもあります。

「秘すれば花なり」という世阿弥の言葉があるように、すべてを詳《つまび》らかにしないことで価値が生まれるという捉え方が、日本の文化にはあるのかもしれません。私自身もこの考え方を完全に否定するつもりはありませんが、少なくともデジタル化された社会の中では、この考え方がには負の要素の方が大きくなります。

好むと好まざるとにかかわらず、私たちの暮らしはデジタルを基本にして成り立っています。遊びも、学びも、コミュニケーションも、あらゆるものが、パソコンやスマホなどのデジタルデバイスとつながり、ネットワーク化されたオンライン空間のなかで結びつけられている世の中になりました。

手仕事のものづくりも例外ではありません。デジタル化と向き合わないということは、社会の流れから完全に取り残されることを意味しています。デジタル化できないものの価値を高めるためにも、デジタルを活用するというアプローチが重要なのです。

付加価値を高めるデジタル化の方法

いざデジタル化というと、人間の作業が機械やコンピューターによって代替され、人間の仕事が奪われてしまうディストピアな未来像と結びつけて語られることも少なくありません。過去の歴史の中でも、機械化が職人たちの仕事を奪ったという事実もあり、そのような心配もあながち杞憂とは言い切れないでしょう。

けれども、私がここで伝えたいのは、手仕事が持つ価値や作業自体をデジタルに代替させるのでなく、手仕事の流れやコツをデジタルで紐解き、補助していくアプローチです。

同じように体を使うスポーツをイメージするとわかりやすいと思います。近年スポーツ選手がデジタルの力を活用し、科学的なアプローチを競技やトレーニングに取り入れ、その質や魅力を高めています。それと同じように職人の仕事も、デジタルの力を用いて改善向上していくことができるはずなのです。

ポイントになるのは「見える化」です。

デジタルの力を用いて技術や価値を「見える化」していくこと。そして「見える化」した知識やプロセスを共有することで、より多くの人がその価値を理解し、学び、さらに大きく進化させていくこと。これこそが手仕事をこれまでとは違う角度から見直し、その可能性を再発見し、未来へ向けた価値を高めていくアプローチになると考えています。


私たちのブランド「ｉｔｈ（イズ）」でも、このアプローチでさまざまなデジタル化に取り組んでいます。たとえば、外注の制作先である工房Ａ。私たちの指輪づくりで欠かすことのできない大事なパートナーですが、制作場所が私たちの工房とは少し距離があるため、月に一、二回の頻度で互いに行き来することでも、ものづくりをチェックしたり、制作内容をすり合わせるしかありませんでした。

私たちの指輪づくりは、オーダーメイドで一点ずつ制作することもあり、腕のよい職人であっても、仕様や仕上がりの細かなすり合わせには苦労していました。制作数量も月に換算すると、そこそこの分量になります。そのため月に1回、数時間程度のすり合わせだけでは、細かい部分にまで行き届かず、品質も思うように上がりませんでした。品質が上がらないとなると、発注量も増やせないことから、協力先としてさらに十分な体制づくりを求めることも難し

ビデオ通話を活用し、職人同士が毎日細かなすり合わせや改善を行う

い、という悪循環も抱えていましたが、「それも手仕事ゆえのジレンマで、しょうがないことなのかな」と漠然と考えていました。

そんな折に、新型コロナウイルスが発生しました。幸い指輪の注文は断続的にあったため、どうにかして外部の職人さんともやりとりしながら指輪づくりを進めていかねばなりませんでした。そのなかで、ビデオ通話を使ったコミュニケーションをスタートさせました。

最初こそツールの設定や、使い方にも戸惑いましたが、いざ始めてみるとすぐに効果がありました。1日20～30分の画面越しのすり合わせ作業ですが、「わからないことをその場で確認できる」「映像で作業を確認もでき、工具の使い方や工具を当てる角度などを、まるで隣にいるかのように指導できる」など、続々とプラスの声が上がってきました。ほんのわずかのデジタル活用によって、時間と距離を超越したものづくりができるようになったのです。

このような取り組みは私たちだけに限ったことではありません。「仕事は見て覚える」ことが慣例だった左官職人の世界にも、同じような取り組みがあります。

東京にある原田左官工業所では、その道何十年のベテランの仕事を動画に撮影。見習いの職人はその動画を見ながら、基礎練習を繰り返すことで習熟度の大きな差を生まずに一定の期間で標準的な技術を身につけていくことができるようになりました。さらに素晴らしいことに、この方法で育成を行った結果、それまで30％程度だった職人の定着率がなんと80～90％を超えるまでに上がったということです。

スポーツの世界では映像解析やGPSなどを使った科学的分析が発達し、人の動きやそれぞれのスポーツの流れや構造を「見える化」することで、それまで常識だった努力や根性の精神主義や、その真逆に過度の能力至上主義から脱却し、人それぞれにあった合理的なトレーニング方法やデータを活かした戦略、戦術が生み出されています。

スポーツとものづくりには何の関係もなさそうですが、どちらも人間の身体能力を使って何かを成すという意味では同じ行為です。そう考えれば、映像などを手がかりに「見える化」を進めることができれば、「技術は見て盗め」「コツコツと努力し続ける気持ちこそが大事」「結局はセンスによるんですよね」といった精神主義、能力至上主義から脱却し、より進化していくことができるということです。

03 高価なツールがなくてもデジタル化はできる

デジタル化には大規模な投資が必要。そう思われる人も少なくないでしょう。実際に一昔前までは、システム投資にはそれなりのお金が必要でした。

しかし、4Gや5Gといった高速回線が普及し、さまざまなシステムやアプリケーションがクラウドを通じて使える現在では、工夫次第で少ない初期投資でも十分効果を発揮し得るデジタル化やDXを実現できるようになってきています。

クラウドサービス最大の特徴は、初期投資を抑えながら、確実に業務のデジタル化を推進できる点です。極論を言うと、パソコンとインターネット回線があれば、すぐにでも高度なデジタル化ができるようになります。かつてのようなハードウェアや、アプリケーション開発といった初期投資も必要ありません。

クラウドサービスは資産計上をせずに、経費として処理することができる点も大きなメリットになります。また、導入までの期間も格段に早く、アカウントを作成した日から、あらゆる機能が使えるようになるサービスもあります。

さまざまなクラウドサービスがあり、業種や業態、企業の規模に応じて最適なものが異なるため、ここで細かなサービスのご紹介はできませんが、個人レベルのスモールビジネスから、中小企業、さらには大企業に至るまで比較的オールマイティに活用できるクラウド型のワーキングプラットフォームとして、グーグルが提供しているグーグル Workspaceをご紹介します。

私たちの会社でも創業間もない頃から、現在に至るまで継続して使い続けています。デジタル化を推進していくうえでも、非常に役に立つツールであることから、ものづくり・手仕事に携わる中小企業がデジタル化を推進していく第一歩としても導入活用を推奨しています。

グーグルと言えば、検索エンジンやGmailが有名ですが、ワードやエクセルと同じ機能を有する「グーグルドキュメント」や「スプレッドシート」、オンラインで大容量のファイルのやりとりを行う「グーグルドライブ」、スケジュールの共有として「グーグルカレンダー」、テレビ会議ができる「グーグル Meet」など、さまざまな業務ソフトウェアが活用できます。

1ユーザーにつき月額680円（2021年現在）から利用できますが、機能やストレージの容量などにより、複数のメニューが用意されているため、状況に応じて段階的にレベルアップすることも可能です。

さらにグーグルは2021年の後半から、Workspaceを無料のアカウントを持つ人を含むすべての人が無料で使えるようにすると発表しています。これが実現すれば、ほとんどゼロ投資でクラウドサービスの活用ができる未来も考えられます。

Workspaceの特徴は、離れた場所からいつでも、どこでも、誰もが同じ情報にアクセスしながら作業ができる点です。私たちがWorkspaceを使う最大の理由は、共同作業における情報管理のしやすさです。

また、Workspaceで作成した各種のファイルは、パソコンのHDDではなく、クラウドのサーバー上に保存されますので、常に最新の状態のものを扱うことになります。Workspaceを使えば、「ファイルの管理」という煩わしい作業から解放されるのです。

さらに、共有権限の設定を簡単に行えるのもポイントの1つです。参加者の立場や仕事内容に応じて、「編集」「提案」「閲覧のみ」と権限の設定を行い、セキュリティーを保ちながら効率的でミスの少ない運用ができるようになります。

先ほどご紹介した職人同士のビデオ会議も、グーグルのビデオ会議システム「Meet」を用いています。表計算ソフトの「スプレッドシート」を用いて作成したトラブル管理表などを事前に共有したうえで、画面で実物のリングやトラブル発生箇所などを見比べながら会議をします。週次の店長会議もオンライン会議で行っています。以前は、月1回東京の恵比寿にある事務所に集まって店長会議を行っていましたが、1か月に一度、たかだか数時間の会議では、1か月の間に起きるさまざまな問題点や課題事項のなかからポイントを絞って議論せざるを得ません。また、そこで議論したことや検討したことも、各店舗に持ち帰ってもらい、共有するなかで要点が抜け落ちていたり、真意がうまく伝わらないといったことも起こりがちでした。けれども、Workspaceを活用した会議方式に切り替えてからは、必要な情報が余計な時間ロスなく、よりダイレクトに伝わるようになりました。

オンラインの会議内容は録画してそのままスタッフに共有します。さらに「Forms」というアンケート作成機能を用いて簡単なＷｅｂテストも実施できるため、動画で見た共有事項をそのままチェックし、その浸透度や理解度を確かめることもできます。

ここで使っている仕組みはすべて、Workspaceの標準機能として活用できます。つまり、わざわざ追加投資を行うことなく、備え付けの機能で工夫、活用しているのです。

もちろん直接顔を合わせて議論する場が大事であることには変わりません。コンビニチェー

ithのクラウドサービス活用事例

ツール名	機能	活用方法
Google シート	表によるデータ入力 / 管理 / 分析 Excel⇔Google シートとの相互変換	KPI 管理 社内タスク管理等
Google ドキュメント	プレゼンテーション資料の作成、共有 Word⇔Google ドキュメントとの相互変換	＜顧客対応＞オンライン接客時の顧客向け説明シート ＜システム開発＞社内システム開発時の要件共有
Google ドライブ	オンライン上での大容量ファイルのやり取り	写真や動画をアップロードしておき研修コンテンツ等に利用
GoogleMeet	テレビ会議、および会議の録画など	＜顧客対応＞オンライン接客 ＜情報共有＞職人間 / 店長間でのコミュニケーション ＜情報共有＞社内定例会議とその記録共有
GoogleForms	アンケート作成、および回答結果の集計	＜情報共有＞ 週次会議の周知 ＜社員教育＞ Web テストによる MTG 内容の理解度の確認

ンのようにお金や時間に余力があり、全国のスタッフを毎週集めて会議できれば、さらに高い効果が得られるかもしれません。

けれども、多くの時間とコストをかけられない中小企業にとって、デジタルの仕組みを使うことで低コストで多拠点間のコミュニケーションを取れるのは、圧倒的なメリットです。

このようにクラウドサービスを活用すれば、低コストでデジタル化を実現しながら、本来すべきものづくりにも集中できるようになります。取るに足らないことのように思う人もいるかもしれませんが、他店舗チェーンや社内外のパートナーと連携しながら仕事をしている事業者にとっては、大きな価値を持つデジタル化になるでしょう。

04 専門家がいないとデジタル化できないのか？

中小企業の経営者がデジタル化を敬遠する理由に、身近なところにデジタルの専門家がいないという点もあります。また、自分自身がよくわからないがゆえに、「人手でなんとかなるから」とサジを投げてしまう人もいます。

たしかに、高度なデジタル化には、プログラミングをはじめとした専門性の高い知識や能力が要求されるため、専門的な人材に頼らざるを得ませんが、先ほどお話ししたクラウド化が進むと、ＩＴシステムを「つくる」知識や能力だけでなく、「使いこなす」知識や能力の重要性も俄然高まっていきます。

それは自分たちのニーズや用途によって必要な機能を見つけて、それを組み合わせてアレンジしていく目線や能力です。ＩＴ自体の専門家であるよりも、それを使うユーザーとしての目線に立ち、どういうことがやりたいか、ＩＴサービスを用いて何を実現したいか、を想像する視点が大事なのです。

デジタル化のメリットは、互換性や共有性にあります。デジタル化された情報が、さまざまな人やものを共通のプラットフォームでつないでいくときに、その効果を最大限に発揮します。後ほど詳しく述べますが、**「つなぐ」ということは事業経営の肝**です。ものづくりとマーケティング、ものづくりと店舗運営などのように、異なる専門領域をまたぎ、つなぎ合わせることで新たな事業価値が生み出されていきます。そして、そのつなぎ合わせの土台となるのが、デジタルの仕組みです。

経営者の方であれば、それぞれの専門領域がうまく噛み合わないと事業としての成果が生まれないことは実感としてご理解いただけると思います。自分自身がハブとなってそれぞれの部門や部署をつなぐという感覚で仕事をなさっている人も多いのではないでしょうか。

ＩＴやデジタル化はつい難しく捉えてしまいがちですが、自社の商売全体にとってどういう状態が望ましいか、そのためにはどこが、どのようにつながっていくと価値が連鎖していくだろうか、という視点で考えていくと、デジタル化すべき領域やＩＴサービスの活用シーンが自ずと浮かび上がってくるはずです。

手仕事やものづくり事業全体においても、デジタル化は手段でしかありません。それ以上に、

異なる専門領域をつなぐ視点や能力が重要

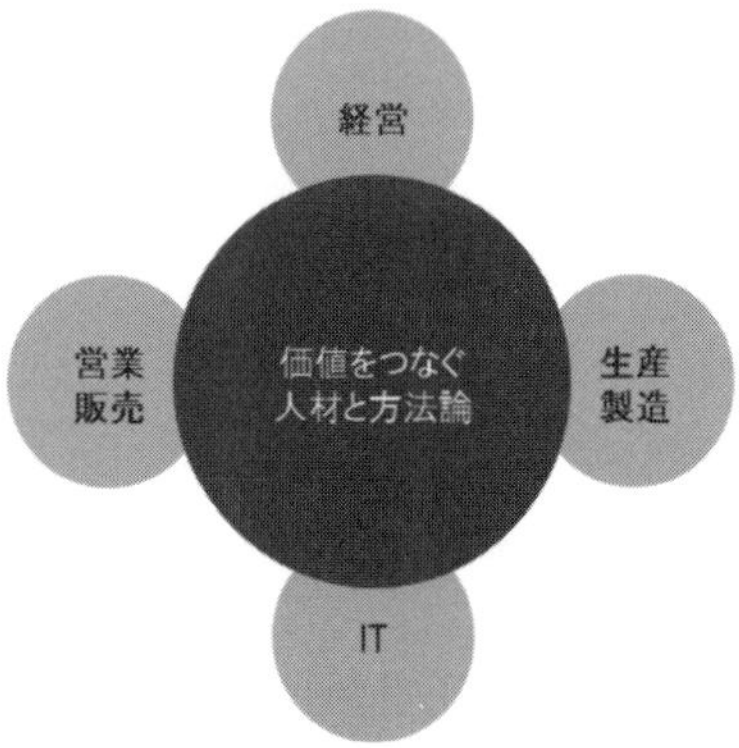

顧客のリアルな体験や、行動を考えることの方が大切です。これらをイメージした状態で、デジタル化を推進するツールや、外部のシステムベンダー企業を見ていけば、自分たちのものづくりを助けてくれる会社かどうかを見極められるのではないでしょうか。

05 ネット販売だけがデジタル化ではない

コロナ禍を契機に、多くの業界が慌ててデジタル化に向けて舵を切り始めています。なかでも飲食店や大型店舗など、人が集まったり、密なコミュニケーションが発生する場所での営業活動の自粛、縮小の要請が断続的に出されています。そのため、店舗で売上を立ててきた企業の多くが、新たにインターネット販売や、オンラインを通じた顧客コミュニケーションの取り組みを始めようという流れが盛んになっています。

新型コロナウイルスの発生以降、全世界レベルでECの利活用が増加し、EC支援ツールとしてBASEやShopifyなど、安価で使い勝手のよいクラウドサービスも普及してきています。ECの強化自体は間違いではないでしょう。

ただ、なかには「オンライン販売＝デジタル化」と決めつけてしまうことで、「自社の商品はECには適さないから」とデジタル化に背を向けたり、反対に「とにかくオンライン販売に注力しよう」とリアル店舗での活動がおざなりになってしまうケースも散見されます。

しかしECはデジタル化の一部分でしかありません。コロナ禍を経てECはさらに加速化したとはいえ、2020年の物販系ECの小売全体に占める割合は8・08％に過ぎません（経済産業省の電子商取引に関する市場調査より）。実際の商取引の中心を担っているのは、依然として店舗などを中心としたリアルな顧客接点であることには変わりありません。

このような観点から、DXを進めていくべき領域としてさらに高い可能性を秘めているのが、**OMO（Online Merges with Offline）**施策です。OMOとは、オンラインとオフライン（店舗販売）という事業者目線で区分けされたチャネルの垣根を越え、デジタルを活用することで顧客の行動や目線を軸としてオンとオフをつなぐ顧客戦略です。

たとえば、来店前にスマートフォンで商品の予約ができたり（プレオーダー）、商品相談としてチャットやビデオ通話でスタッフから説明を受けたり（オンライン接客）、商品選びに役立つ情報をやりとり（オンラインカウンセリング）することで、リアル店舗での顧客体験を向上させることができるようになってきています。2章で紹介したスターバックスコーヒーのモバイルオーダーサービスもまさにOMO施策です。

また、販売は自社で直接行わず、社外の流通に依存しているBtoBtoC型企業や、企業向けの商品やサービスを手がけるBtoB型企業でも、SNSやオウンドメディアを通じて、

BtoC 市場における物販系分野の規模と EC 化率

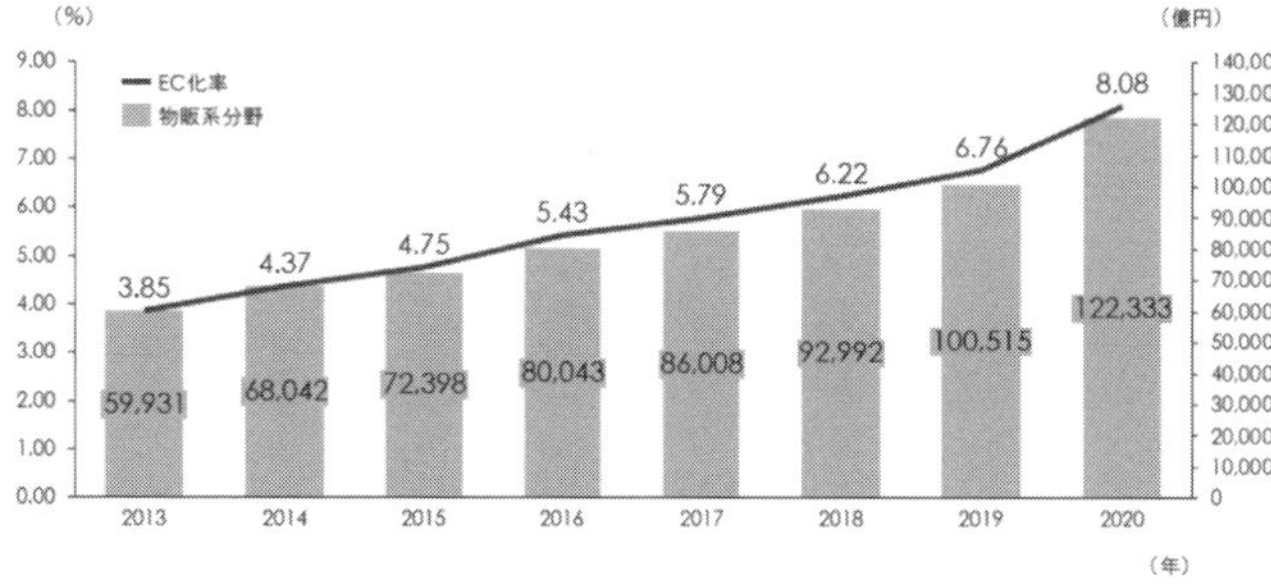

出所：経済産業省よりAC作成

BtoC 市場における物販系分野の実店舗 /EC の売上構成比

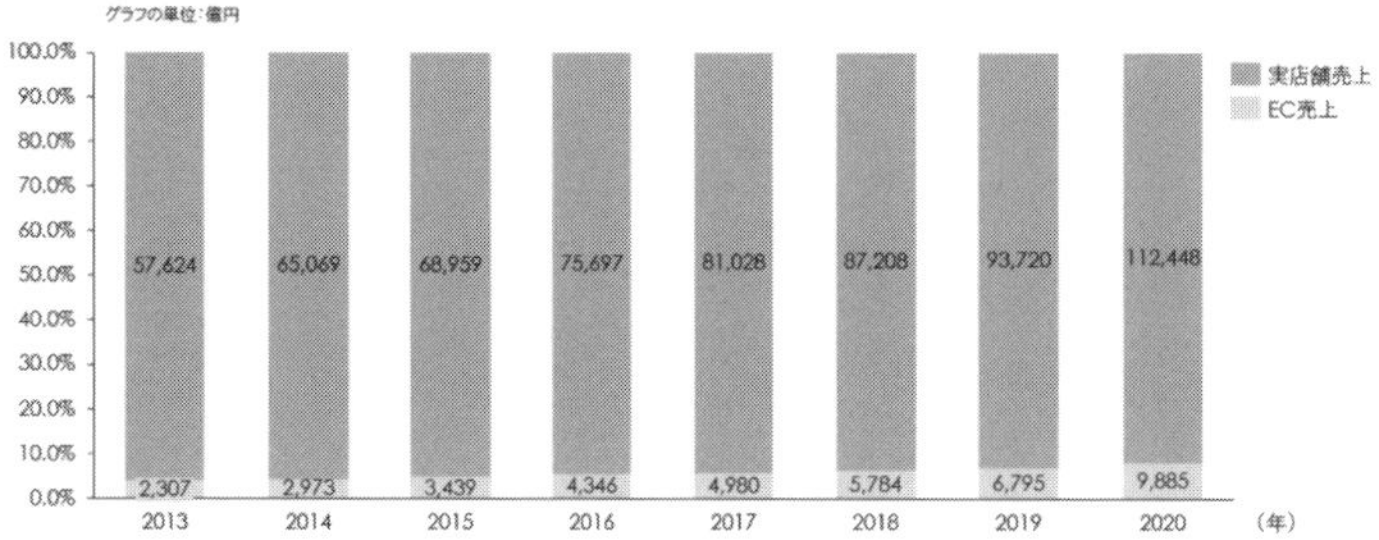

出所：経済産業省よりAC作成

商品の魅力やものづくりにかける想いを発信することで、ブランド価値を高めていくこともできます。

ＤＸを推進するうえで大切なのは、社会基盤となっているデジタル技術を使いこなし、自身の生産性をあげることです。そして、顧客との関係性を向上させ、より選ばれる存在になれるよう、事業全体を変革することです。

デジタルの活用を考えるときに、売上というわかりやすい成果が得られるＥＣ等に目が行きがちな気持ちはよくわかります。またＤＸとはビジネスモデルを変革することだという声高な掛け声に惑わされ、何か新しい取り組みをしなければと力み過ぎ、かえって身動きがとれなくなっている会社もあるかもしれません。複雑に考えず、今の仕事や事業のなかでデジタル化できるところから取り組むことで、より現実的で大きなレバレッジを生み出せる可能性が見えてくることもあります。

06 ものづくりをつなぐ「見える化」と「魅せる化」

ここからは、デジタル化を進めるうえで大事な切り口となる「見える化」の観点から、デジタルとものづくりの関係を掘り下げて考察していきます。

ものづくりのデジタル化が遅れているとお伝えしてきましたが、CADや3Dプリンターといったデジタル化技術を導入し、一つひとつの作業工程の機械化、デジタル化を進めている企業は少なくありません。

実際の作業を機械化し、デジタル化することでその作業自体がより高度になるということは、ものづくりに取り組む職人やエンジニアにとって、イメージしやすいのかもしれません。

しかしデザインの領域、製造の領域など、一つひとつの工程がデジタル化し、高度になったとしても、真に価値を発揮するにはまだ足りません。繰り返し述べているように、それぞれの工程で生み出されるさまざまな情報が「つながる」こと。これによって全体として1つの大きな価値が生み出されるのです。

この「つなぐ」という観点でのデジタル活用が、日本の多くのものづくり企業に不足している部分であり、この点を強化することで、元来持つ強みであるきめ細やかな手仕事や、安定した生産管理がさらに活きる可能性を秘めていると考えています。

「つなぐ」という言葉にはいくつかの意味があります。

1つ目は、バリューチェーンにおける「つなぐ」です。

原材料から始まり、設計、製造加工など、いくつかのプロセスを経て商品は生み出されますが、それぞれの工程で付与される情報の集積が、その商品の価値になります。

たとえば椅子をつくるとしましょう。まず原材料として、「〇〇産の高級ヒノキを使用」などの情報が付与されます。次は職人たちがさまざまな加工や仕上げを施すことで、技術の良し悪し、手間暇などという情報が上乗せされていきます。そこからさらに、輸送や流通経路を通じて、どのように保管されたか、どのような人の目利きによってその商品が選ばれ、店頭に並んでいるかといった情報が付与され、消費者の元へ商品として供給されます。

このように、各工程で付与された情報、いわゆる付加価値がきちんと伝達され、それに見合うコストで共有されるときに商品は売れるわけです。

商品をつくって売るまでの一連の流れに沿って、それぞれで発生する情報とその価値の連携をデジタルフォーマットを中心にして進めていくのが、POSやERPといった情報システムの考え方です。第1章のブランドの歴史でも紹介したユニクロやZARAといった企業は、まさにこの概念のもとに強い競争力を生み出しています。

そう話すと「大企業の話だろう」と思うかもしれませんが、クラウドサービスが普及し、ブロックチェーンのような技術が社会インフラに組み込まれることで、小さな会社や個人でもそのメリットを活用できる環境が整いつつあります。早くその価値に気づき、「使わなきゃ損」という状況にあることを理解しておくべきでしょう。

2つ目の「つなぐ」は、教育や技術の伝承です。デジタル化によって、従来とは比べものにならない速さで人の知恵や技術を共有し、組み合わせながら作業や活動を進めていくことができます。

左官の事例でも紹介した通り、ものづくりの質を高めるための適切な技術継承も、今までとは異なるアプローチでできるようになります。技術継承を滞りなくできれば、職人のスキルやノウハウの個人差は埋まり、ものづくりの生産性や質も向上するはずです。

デジタル技術を活用して全体的な技術や技能を高めたうえで、さらに個人としての力量や技能が問われてくるのだと思います。スポーツ選手を考えればわかるように、情報や分析データに基づいて合理的にトレーニングに取り組んだとしても、人それぞれの個性や能力差は現れてくるものなのです。

個々の力量に違いがあるからこそ、他の人は真似できないスペシャルなプレーや、その職人にしかつくり出せない匠の技に興奮したり、感動したりすることも事実です。

教育や技術継承が体系立ててきちんとなされることで、全体のクオリティが上がり、その中から突出した才能を持つ人材が現れてきます。それによって世の中でもその分野への興味関心が高まり、新しい需要喚起にもつながるでしょう。技術や文化をつなぐことで、このような循環を生み出すことが大切です。

技術を「見える化」するコツは、作業手順を標準化しながら、細かな留意点を洗い出していくことです。作業上の大まかなところから、グーグル Workspaceなどのクラウドサービスを活用して、ドキュメント化することから「見える化」を進めていきます。

熟練の職人ほど、作業ごとの留意点は細かくなりますが、大切なのは目と手、つまり「思考・認識」と「行動」が一致していることです。長年の経験により蓄積されたノウハウやスキルが、しっかりと反映された状態で記録するのが大事です。

腕の立つ職人であればあるほど、目と手が無意識に一体化していることが多く、本人もすぐには言語化できないことがよくあります。ですが、しっかりと職人の思考と行動を掘り下げていくと、それぞれの動作には何らかの必然性があるものなのです。

このように根気強く作業を分解していきますが、それらを言葉にでき、頭では大事なポイントがわかっていても、経験の浅い職人がそれをすぐ行動に移すことができません。野球選手がバッティングの理論を頭で理解していても、それを実行することができないのと同じです。ものづくりを「見える化」する目的は、スキルやノウハウの継承・共有のためではあるものの、どのレベルまでを情報に落とし込むかどうかという部分も大切なポイントになります。

3つ目の「つなぐ」は、社会や顧客に、その価値を伝え理解してもらうことです。これまでの2つが「見える化」とするなら、ここは「魅せる化」という風に表現できるかもしれません。

工場直販やファクトリーストアなど、つくるプロセスを見せて消費を喚起する取り組みは以前からありましたが、ネットでの情報発信やSNSが急速に広がったここ数年の間に、欧米のハイブランドなどの中でも自社の職人の作業風景やものづくりの工程などを見せることで、ブランドや商品に対するより深い理解を得ようとする動きが盛んになっています。

持ち前のクリエイティビティを活かして情報発信することで、より多くの人がコンテンツを目にし、ブランドに対するロイヤルティを高めることにつなげているわけです。

ものづくりの作業や工程自体をコンテンツ化する動きは日本でも出てきていますが、最近では表に出ることのなかった下請け企業が、ユーチューブを活用して世界中からのアクセスを集めるといった事例も生まれています。

アパレル企業向けにコレクションなどのサンプル縫製を専門に行うアトリエセゾンもその1つです。コム・デ・ギャルソンのコレクションを手がけるなど、高い縫製技術を誇る同社ですが、この技術を「クラウド洋裁教室」と銘打ってユーチューブで配信し、チャンネル登録者数は30万人に迫る勢いです。

ものづくりの海外移転が進むなか、高いクオリティの手仕事を活かして国内生産を続ける彼らが、ユーチューブで成功している理由の1つが、グローバルな目線で海外向けに情報発信を行っていることです。プロ向けの縫製というのは誰もが興味を持つ分野ではありません。日本国内だけをターゲットにしていれば、今の数十分の一のアクセスを集められるかどうかというところでしょう。そこで彼らは全世界をターゲットにすることで、その母数を数十、数百倍に広げています。発信する内容が狭かったとしても、深いコンテンツであればデジタルの世界では一気に世界に情報発信ができるという好例です。

少し毛色は変わりますが、私たちがコンサルティングをしている音楽事務所の事例をご紹介します。その事務所には本格派のシンガーソングライターが多数所属していますが、音楽を無

納品待ちのお客様に制作プロセスの動画を見てもらい、オーダーメイドのワクワク感を高める

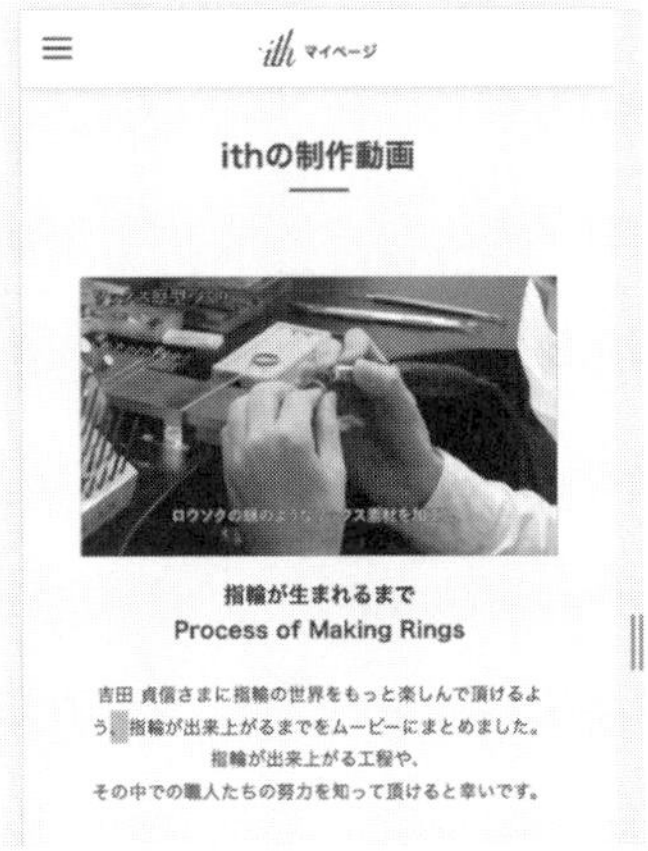

形のものづくりと見立て、ミュージシャンを高い音楽制作技術を誇る職人と捉え、情報発信のアドバイスをしています。

楽曲自体に対するアクセス数が最も多いのは当然ですが、それ以外にも制作風景や自分の楽曲のギターフレーズを紐解いた動画にも高いアクセスが集まる傾向があります。普段見られない制作風景や、ミュージシャン本人から直接音楽のコツを学べるのは、ファンはもちろん、そのミュージシャンに直接関心はなくても、その楽器の演奏方法を学びたい、という新しい視聴者を集めることにつながっています。

これらの事例に共通しているのは、ユーチューブやSNSなどのデジタルフォーマットに載せ、プロが持つ優れた技術をコンテンツとして発信することで、これまで届かなかった人

たちに、これまでとは違う形でその意義や魅力を届くことで、新しい価値を生み出していることです。技術の「魅せる化」によって、ものづくりに携わる人や組織の新しい可能性が生まれているのです。

ｉｔｈ（イズ）の工房では、指輪ができるまでの工程を、ブログやＳＮＳを通じて顧客に公開しています。それによって職人の手仕事の「丁寧さ」や、映像や文章から伝わる「思い」など、工房でのものづくりを通じて生まれている商品の背景にある価値を伝えています。お客様の視点から考えると、そのような価値を理解することで、ｉｔｈ（イズ）の指輪を選ぶ理由にもつながります。

ものづくりのプロセスを公開する際に大事なのがそのタイミングです。発信する情報が供給側からの押しつけでなく「顧客にとっての必要な価値」として受け止めてもらえることが大切になります。情報の見せ方と、見せるタイミングにより、その効果は大きく変化します。

つくり手側にどれだけ優れた技術や想いがあったとしても、それが顧客に響くものでなければ価値にはつながりません。匠の技を大切にするメーカーやブランドの中には、このことを十分に理解せず自分たちの技術や作業プロセスをアピールしているケースも散見されます。

たとえば、商品を美しく仕上げる技術があるのなら、まずはその美しさに納得してもらうことが必要です。そのうえで、美しさを支えるものとして、技術力をアピールしていくわけです。その商品の購入を決断する最後の一押しとしてはもちろん、購入を決めた後にダメ押しのようにアピールできれば、顧客自身の選択に納得感や嬉しさを加えられます。

受け手にとっての「ベネフィット」と思ってもらえるように「魅せる」工夫をすることが技術の「魅せる化」の要諦です。

現場や技術レベルでの見える化に加え、ブランドや企業のものづくりに対する姿勢、思いを伝える情報発信も忘れてはいけません。

ここ数年で台頭したD2C企業の多くが、インターネットのデジタルワールドを前提として、「魅せる」力を最大限に発揮し、成長を遂げています。

07 パーソナライズを支えるデジタル技術

デジタル技術を活用することで、多様化する顧客ニーズや一人ひとりに応じた商品やサービス、つまり「パーソナライズ」された商品やサービスの提供が可能になります。

世界最大のオンラインリテーラー、アマゾンが、一人ひとりの購入履歴や、膨大な顧客データから導き出したレコメンド商品を顧客ごとに提案する機能を実装したあたりから、パーソナライズという言葉が注目され始めました。

インターネットやモバイルの世界では、消費者の属性や行動履歴といった情報をトレースし、データとして取得し分析することで、顧客に応じた情報を提供するパーソナライズという技術が発展していきました。

この技術は進化を続け、機械学習やＡＩなどの最新テクノロジーによってアップデートされながら、さまざまなインターネットサービスで活用されています。いまや世界中で1億人以上のユーザーを抱えるネットフリックスもレコメンドの仕組みを活用し、ユーザーの属性や視聴履歴から、その人にあったコンテンツをお薦めしています。

アマゾンしかり、ネットフリックスしかりですが、一人ひとりのニーズに応じてパーソナライズされた内容を提供するやり方は、物理的な形を持たない音楽や映像などの無形商材、もしくは情報自体を出し分けするサービスを中心に進んできました。

物理的な形を持つプロダクトの領域で個人の好みに応じてカスタマイズするサービスが生まれてきたのが、２０００年代の中頃からです。

1章でも述べた通り、いわゆるオーダーメイドは古くから行われてきた、ある種伝統的なものづくりの方法ですが、ここでいうカスタマイズとは、大量生産の仕組みを前提にコストを抑えつつ、個人の求めに応じた変更を加えていくことで、その人だけの商品に仕上げるというサービスを指しています。

ここにもデジタル化の進展が大きく影響しています。インターネットを通して顧客とつくり手側がダイレクトにつながったこと、デジタル化によって誰もが自分の好みに近いデザインを制作できるようになったことなどが主な要因です。さらに、3Dプリンターなどのデジタルマニュファクチュアリングや、量産方式と手仕事を組み合わせるなどの工夫も相まって、マスカスタマイゼーションの動きは徐々に活発になっていきました。

ith（イズ）では、月に1000本近い指輪をオーダーメイドでつくっています。すべて新たに制作するフルオーダーから、あらかじめ用意した100種類以上のデザインの指輪を試着しながら、「この指輪の模様が好き」「形はこっちが好き」といった好みを洗い出し、それらを組み合わせて指輪を制作するカスタマイズ型セミオーダーまで、オーダーの仕方はいくつかあります。組み合わせといっても、そのバリエーションは数万パターンに及ぶため、結果としてほぼ100%仕様が異なる指輪を、文字通り一つひとつつくり上げています。

日本のジュエリー業界はバブル崩壊後、高価なオーダーを楽しむ顧客が減少したこともあり、量産化を前提としたものづくりが主流になりました。そのような流れのなかで、私たちのような規模でオーダーメイドジュエリーの制作に取り組んでいるところは希有な存在ともいえます。

そんなｉｔｈ（イズ）のものづくりで大きな役割を担っているのが、自社開発のクラウド型の基幹システムです。

このシステムには、顧客情報から指輪の依頼内容、制作状況、職人ごとの工程管理など、オーダーメイドの指輪制作に付随するさまざまな情報が格納され、スタッフの権限に応じて利用できるようになっています。

お客様の望みをきちんと叶えるために、指輪制作の基本となる定量的な仕様情報（サイズ、幅、加工方法など）は当然のこと、ニュアンスやこだわりのポイントなども共有できるように仕組み化されています。また商品としての指輪だけでなく、指輪をつくり出す体験自体も大事だという考えから、お客様の趣味や性格、来店のきっかけなどの商品選びの背景となる定性的な情報も集めています。

私たちが掲げているものづくりのコンセプトは、「職人と顧客が一緒につくるオーダーメイド」です。つくる側と使う側がダイレクトにコミュニケーションをとり、細かく意思疎通しながらものづくりができれば、当然お互いが納得するものに近づいていきます。しかし、複数の人間が関わりながらそれを実現しようとすると、途端に難易度があがります。

子どもの頃に伝言ゲームの遊びをやったことがある人も多いでしょう。キーワードを決めて、耳打ちしながら後ろの人に伝えていき、最後まで正確に伝わるかというゲームですが、ごく簡単なキーワードでも途中でメッセージが入れ替わったりして、なかなかうまくいかないものです。

あの遊びと同じことが、オーダーメイド制作の現場でも起こります。技術的にはごく簡単なものであっても、複数の人間がそこに関わることで情報がうまく伝達されず、結果的に思った通りのものがつくれない確率がどんどん高くなるわけです。

このような情報伝達のロスを防ぐことができれば、それぞれのプロが専門性を発揮しながら、質、量ともに高いものづくりができるはず、というのが私たちのコンセプトの原理であり、その実現を中核で支えるのがＩＴシステムによる情報共有です。ものづくりのパーソナライズは、まだまだ研究が必要な領域でありますが、いずれにせよデジタル技術の支えなくしては大きなブレイクスルーは得られないでしょう。

私が所属する会社ではＣＴＯがシステム開発を一手に担っていますが、専門的な能力を持つ人材がいない場合には、システム会社などの外部のリソースに頼む必要があるかもしれません。その際に大事なことは、まず顧客視点に基づいて要件定義ができるパートナーを選ぶということです。

手前味噌になりますが、弊社も自分たちの経験に基づき、ものづくりのパーソナライズに関する助言・アドバイスやITサービス化の要件定義などを支援するサービスを行っています。

08「ぬくもりのあるデジタル化」を目指そう

デジタル化やDXに取り組むにあたり、ぜひ伝えたいことがあります。それは「ぬくもりのあるデジタル化」を目指そうということです。

デジタルの世界に「ぬくもり」というのも、違和感を感じる人もいるかもしれません。デジタルやITと言えば、利便性や効率性の向上、スピードや拡張といった言葉やイメージと結びつけて語られますが、私は効率化や利便性の向上とは別の使い方もあると信じています。それは、人とのつながりや絆を深めたり、喜怒哀楽といった人の感情を揺さぶるようなデジタル技術の活用です。

先ほども述べましたが、私たちのものづくりの基本コンセプトは「職人と顧客が一緒につくるオーダーメイド」です。職人とお客様が、結婚指輪というゴールを目指して共創のものづくりをする。最初は見ず知らずの人たちが、お互いの話に耳を傾けながら、お互いを理解しものづくりをする。お客様はジュエリーづくりにかける職人たちの思いや、卓越した技術研鑽を知ることで、職人の手によって生み出される指輪の価値を実感するとともに、職人たちに深い感謝の気持ちを抱く。職人たちは、お客様それぞれの指輪への思いや期待を感じつつ、自分たちに仕事を任せてくれたことに感謝し、同時に自分たちの仕事に誇りを感じ存在意義を見出す。

オーダーメイドの結婚指輪づくりを通じて、このような喜びと感謝の循環が生まれることを目指していますが、その実現のためにＩＴを活用したさまざまな取り組みを行っています。

ｉｔｈ（イズ）で指輪をオーダーされたお客様は必ず「マイページ」を制作しますが、このマイページのなかには、お客様が職人の技術や思いをより深く理解するために、指輪づくりのプロセスや技術的な価値を伝えるコンテンツが用意されています。

「自分の指輪がこんなプロセスで、今まさにつくられているんだ」と思うと、それだけでワクワク感が高まります。

また一般的にジュエリー制作の現場では、デザイナー、鋳造を担当する職人、研磨を担当する職人、宝石をつける職人など、専門技術を身につけた数多くの職人たちの分業によって作業が行われています。一本の指輪をつくるのにも、実に多くの人間の技術や思いが込められているのですが、多くの人はそのことを知りません。

そこで私たちは指輪を納品すると同時に、映画のエンドロールのように、その指輪づくりに関わった職人や協力会社の名前を流すようにしています。職人たちにとっても、自分たちの存在が文字通りお客様に実感されていると思うのと思わないのとでは仕事に対する打ち込み方も変わってくるでしょう。

またマイページには、制作関係者からお客様、お客様から制作関係者へと双方にメッセージを伝えられる機能も備わっています。お客様からのメッセージには、「私たちのために、素敵な指輪をつくってくれてありがとう」など、さまざまな思いが綴られ、それらのメッセージは社内外のスタッフ間でも共有されるようになっています。

分業化された現代のものづくりでは、裏方である職人たちが自分がつくった指輪に対するお客様の感想を知る機会はほとんどありません。けれども、人間である以上、自分の仕事に対するポジティブな反応を知れば、誰もが喜びを感じるものです。そして、その喜びがさらなる技や品質向上に対する意欲へとつながっていくのです。

デジタルだからこそ、物理的な距離や時間を超えた想いの交流ができる。こういったデジタル活用が「ぬくもりのあるデジタル化」だと考えています。


「ぬくもりのあるデジタル活用」は、中小企業がインターネットやデジタル化技術を活用するうえで、肝に命じておくべき重要なポイントではないでしょうか。

デジタルの世界では、組織の大小に関係なく、誰にでもチャンスがある一方で、規模の経済が働くウィナー・テイク・オールの世界でもあります。アマゾンに代表される巨大資本と、薄利多売、大量在庫による迅速な発送、ディスカウント施策といった効率性や利便性の観点で勝負しようとしても到底敵うわけがありません。

私たちのような中小のものづくり企業が存在感を発揮し、生き残っていく道は、オンリーワンの要素を磨くことでしょう。効率性や利便性を超えて、人とのつながりの感動や喜びを与えることは、規模の大小に関係なく実現できるストロングポイントになり得るはずです。


ものが溢れる時代だからこそ、ものの向こう側にいる人の息吹を感じたい。日本だけでなく世界中でそう思う人はますます増えてくるでしょう。思いを込めてものづくりに打ち込む職人や企業にとって、ぬくもりを伝えるという視座は、デジタル活用やＤＸの取り組みでも大事な糸口になるのではないでしょうか。

第3章まとめ

- □ 人の手仕事の付加価値を活かすデジタル活用を。
- □ ポイントは「見える」化と「魅せる」化。
- □ クラウドサービスを活用し、低コストで仕組みづくりを。
- □ リアル（店舗や人）の価値を活かすという視点が大事。
- □ 大企業が真似しにくい、ぬくもりのあるDXが中小企業の活路！

第4章

「豊かさを生み出すブランド」のつくり方

01 広がる「ブランド」の概念

日本のものづくりがそのストロングポイントを活かし、世界のなかで存在感を発揮し、「未来のものづくり」を実現していくために、「デジタル」と「ブランド」という概念をよく理解し、実践を進めることが重要です。

本章では、「ブランド」という概念に焦点をあて、事例と方法論をお伝えしていきます。

1章でも触れたように、「ブランド」という概念の重要性は年々高まり、販促や広告宣伝の一部から、今では企業活動全体を貫く柱として扱われるようになりました。先進的な企業では、顧客からスタッフ、売り場やメディア、ものづくりに至るすべての企業活動の軸として「ブランド」というものが据えられるようになっています。

その象徴的な動きが、D2C（Direct to Consumer）と称される事業形態です。『D2C「世界観」と「テクノロジー」で勝つブランド戦略』（佐々木康裕著）によれば、「D2Cとは、デジタルインフラをベースに、顧客とダイレクトな関係性を構築しながら、そこで醸成された世界観によって顧客と結びつき運営される事業形態」と記されています。

D2Cブランドは、顧客とのコミュニケーション手段として、SNSやオンライン販売のサイトをフル活用します。仮想空間でマーケティング活動を行うことで、自社の世界観を浸透させながら、そのイメージを最大限に活用して商品を販売しています。この世界観こそがブランドの軸に他なりません。マーケティングからものづくりまで、世界観によって一貫して結びつけられることで、顧客からの支持を得ているわけです。

ネットから始まったD2Cブランドですが、成長拡大とともに店舗というリアルの領域にも拡張してきています。店舗を起点とするビジネスであっても、デジタルの力を活用して顧客とダイレクトに結びつき、コミュニケーションを深化させていくモデルが生まれてきています。こういった動きから、インターネットとリアルが相反せず、企業と消費者をよりダイレクトに結びつけ、お互いの関係性をより良くしていくことが、D2Cの本質的な定義になっていくだろうと考えています。

いずれにせよ、「ブランド」という概念をよく理解して企業活動全体に活かしていくことが、ビジネスの形態に関係なくさまざまな企業で求められ重要視されるようになるでしょう。

02 手仕事・ものづくりにこそブランド化が必要な理由

これまでも述べてきたように、企業はデジタルで結ばれる社会のなかで、存在を認知してもらわなければなりません。そのためにWebを立ち上げたり、ECモールへ出店したり、SNSで顧客とコミュニケーションをとったりといった活動に取り組んでいます。

これらの取り組みによって、組織や人とつながり新たなチャンスを手にできるようになる反面、これまで予想もしなかった脅威に晒される可能性も生じてきます。自分たちの商品やサービスが世界中から支持されることもあれば、思わぬバッシングを受けたり、突如として見知らぬ競合が現れ、自分たちを駆逐していく可能性もありうるわけです。

オンライン上での消費者の選択行動は、自分の価値観や嗜好にフィットするものを見つけた途端、躊躇なくあっという間に移り変わっていきます。オンラインにおける顧客は圧倒的に自由です。このような環境下では、「自分たちの魅力や価値を高め、きちんと伝えていく」ブランディング活動が極めて重要です。

手仕事やものづくりに従事する中小企業は、規模の経済に頼り、量や安さで勝負することはできません。その状況下でも、あえて選ばれる「独自性」を生み出す術こそがブランディングなのです。

03 独自性を生み出すのは「アナログな価値」

デジタルにも功罪があります。デジタルはその性質上、あらゆるものごとを均質化します。ビジネスはもちろん、生活における私たちの営みも均質化・効率化していきます。それと同時に、世界中のものが均等に結び付けられ、従来は生まれなかった取引や関係性が生まれていきます。

デジタルが発達し、地球規模で全体最適がなされる一方で、それがもたらす均質化・効率化は、各地域、各企業、各個人が有していた特異性をも失わせることもあります。

液晶テレビの歴史は、象徴的なものです。2000年代はじめ、アメリカで登場したVIZIO（ビジオ）というスタートアップ系のブランドは、自社工場を持たず、台湾の鴻海精密工業のＥＭＳ（受託生産）を利用することで、価格破壊をしかけ安価に大型テレビがつくれるようにしました。

その一方で、「世界の亀山ブランド」のキャッチコピーと共に、一時は好業績をあげたシャープは、価格破壊とコモディティ化に勝てず、２０１６年に鴻海精密工業に買収されました。


このような特性を持つデジタルの世界で同質化に抗い、個性や独自性を生み出す可能性を秘めているのが、人間の感覚や感性から生み出されるものであり、その象徴が「手仕事」です。たとえばジュエリーの世界では、機械で厳格に定義された形や寸法通りにつくるよりも、優れた職人がその人なりの感覚で仕上げた方が、美しさや着け心地が上回ることもあります。人間の感覚にはゆらぎがあるからこそ、人間の感覚で対応したものが理屈を超えて心地よく、美しく感じるということが起こるのでしょう。

デジタル化が進んでも、人との接点、ものと人の間のインターフェイスにおいては、人の感覚に基づくアナログな要素が介在することでそのモノの体感品質を高め、安心感を与えることができます。機械的な再現性を持たないことを逆手に、唯一無二の顧客体験を提供できるようになります。

規模の経済では勝負できない小さなプレイヤーだからこそ、思い切って手仕事に象徴されるアナログな感覚や感性を武器にしてブランドづくりを進めることで、独自の活路がひらけるのです。

04 中小企業こそ、ブランドの民主化を活かすべき

ブランド論の第一人者であるD・A・アーカー氏は、ブランドを「資産」と定義しています。ブランドづくりを堅実に積み重ねていけば、顧客を呼び寄せ、商品・サービスの価値を高め、商品単価や利益率の向上をもたらします。ブランドは企業に継続的な利益をもたらす「経営資産」となるのです。

インターネットやSNSの登場により、さきほど紹介したD2Cブランドのように短期間でブランドをつくれるようになりました。かつては大企業や、限られた老舗企業だけのものであった「ブランド」というものを、あらゆる企業や個人が活用できる土壌が整うことで、新しいチャンスがもたらされる時代になろうとしています。ブランドの民主化とも言えるこの状況は、多くの会社や個人にとってポジティブな状況だと言えるでしょう。

ネットやSNSをうまく使い、短期間で賞賛や共感を集めブランド化する企業や個人が注目される一方で、ブランドの礎となる潜在力があるにも関わらず、そのポテンシャルを活かしきれていない企業がまだまだたくさんあります。

一夜にしてスターブランドにのし上がったような事例が耳目を集めがちですが、実際のところは誠実にコツコツと努力を重ねて実力や実績を備えた企業こそ、「資産」化するに足る実力、いわばブランド化するための核を備えているのです。

派手さはなくとも、創業から続く熱い思いをもとに、時間をかけて地道なものづくりに取り組んできた企業、磨けば光るブランドの原石のような企業が、未だあらゆるところに眠っているはずです。

このように実力を持つ会社や個人にこそ、ブランドが民主化されていく状況を活かして世の中に豊かさを届けてほしいのです。

05 ブランドづくりを進める4Mフレームワーク

ここからは企業がブランド化を進めていくための「4M」のフレームワークを紹介します。これは、私たちが世の中の優れた経営理論や先進企業のベストプラクティスを学びながら、自分たちの事業のなかで試しながら生み出した実践的な方法論です。

4Mとは、マーケティング（Marketing）、メディア（Media／顧客接点）、マニュファクチュアリング（Manufacturing／ものづくり）、マネジメント（Management）の頭文字をとったものです。

世の中にはいくつものフレームワークがあり、ブランド論においてもさまざまな手法や専門的なアプローチが開発されています。4つのMそれぞれの領域でも本が何冊も書けるような深さがありますが、私たちのような事業を実践する者にとって大事なことは、全体感をつかみ、それぞれの領域の専門家と連携できる程度に要点を理解しておくことです。

本書のなかでも度々述べている「全体のつながり」を大事にしながら、それぞれのMについて、企業の事例を紹介しながら実践のヒントをお伝えしていきます。

ストーリーを軸とした4Mフレームワーク

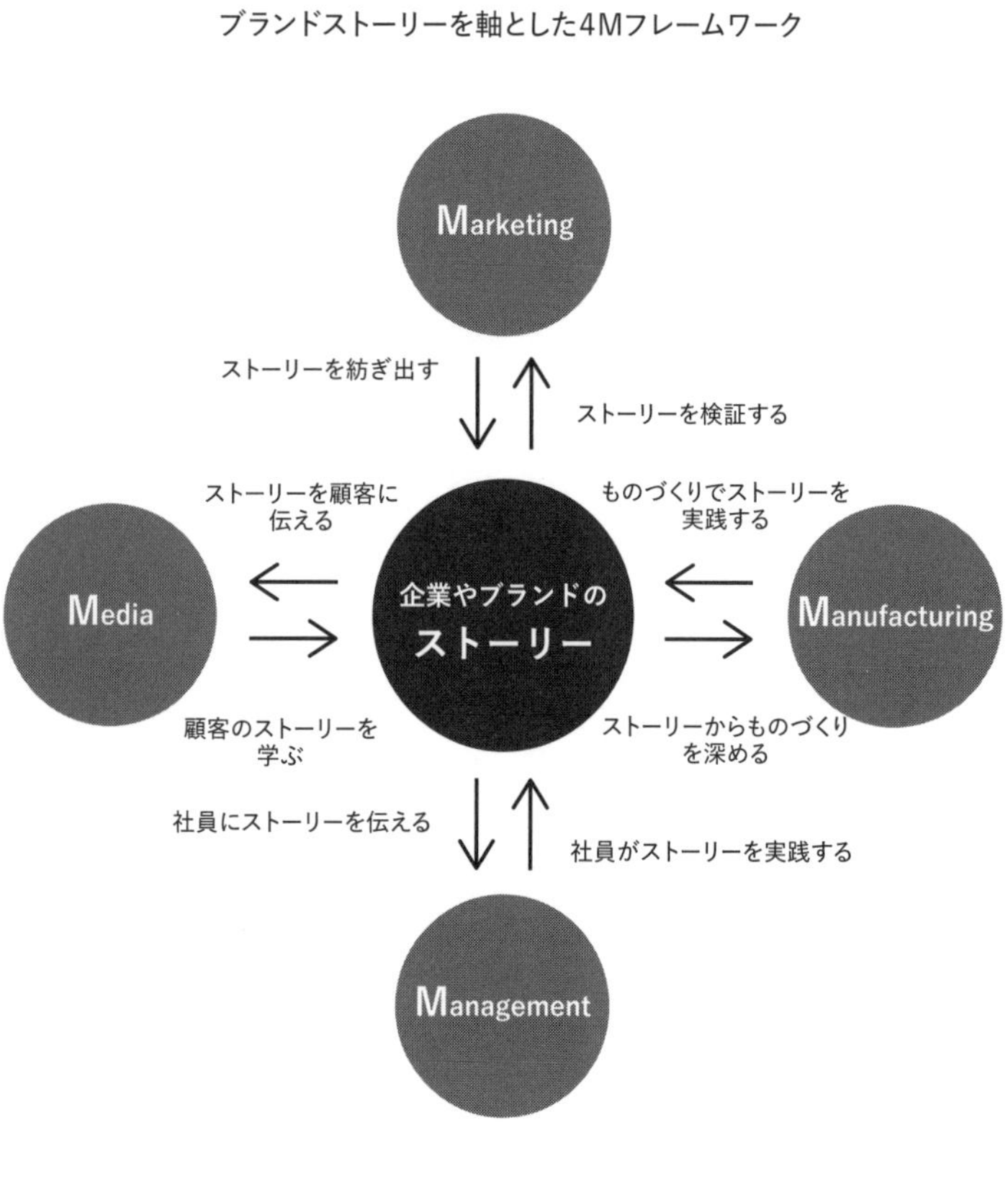

①マーケティング——顧客が自分ごと化できるストーリーをつくる

1つ目のMはマーケティングです。マーケティングにはいくつもの解釈や定義がなされていますが、ここでは「企業がつくり出す商品やサービスが、継続的に顧客から支持され、選ばれるための仕組みづくり」と定義しておきます。

「継続的に顧客から支持され、選ばれる」という観点からブランドづくりを考えるときに、まず大事になるのが、「ストーリー」をつくることです。

商品やサービスを選ぶときに、どういう経緯でそれが生まれているのか。どんな思いが込められているのか。ものをつくる側にとってどんな意味や価値を持つのか。顧客にとっても、スタッフにとっても、その企業の活動や商品・サービスが重要で意味のあるものだと捉えるための核になるのが「ストーリー」です。

またストーリーは、すべての企業活動の源になるものです。なぜこの商品をつくり、売っているのか。どうしてこの場所で売っているのか。商品やサービス、広告宣伝や営業方法など、すべての企業活動の「なぜ」の部分を生み出します。そのため、まず最初に自分なりのストーリーをつくり出すことが、マーケティング実践のファーストステップになります。

ストーリーづくりにもさまざまな方法がありますが、ここではシンプルで誰でも実践しやすい「3C分析」を用いた方法をご紹介します。3C分析とは、Company（自社）、Customer（市場・顧客）、Competitor（競合）という3つの観点から、市場のなかで事業機会を見つけ出すフレームワークです。

自分たちを掘り下げる

まず最初に取り組むべきは、Company（自社）の掘り下げです。市場から見るべきか、競合から見るべきかと色々な考え方がありますが、私自身は「ブランドにとって独自性が何より重要である」という視点から、まず自分たちの掘り下げを徹底的にやることが大事だと考えています。

創業の経緯、自社の歴史や由来、地元やゆかりのある土地や地域、社長やスタッフのパーソナリティ、代表的な商品やサービス、得意なやり方や技術、こだわりなど、とにかく自分たちの会社や事業を構成する要素をできる限り洗い出し、言語化していきます。出てきた大小さまざまな要素のなかに、自分たちのストーリーの源となる何かしらが埋め込まれているはずです。これらの要素が組み合わさり、積み重なりあうことで、自分たちの会社や商品・サービスが特

ストーリーは３つのＣが重なりあうところから導く

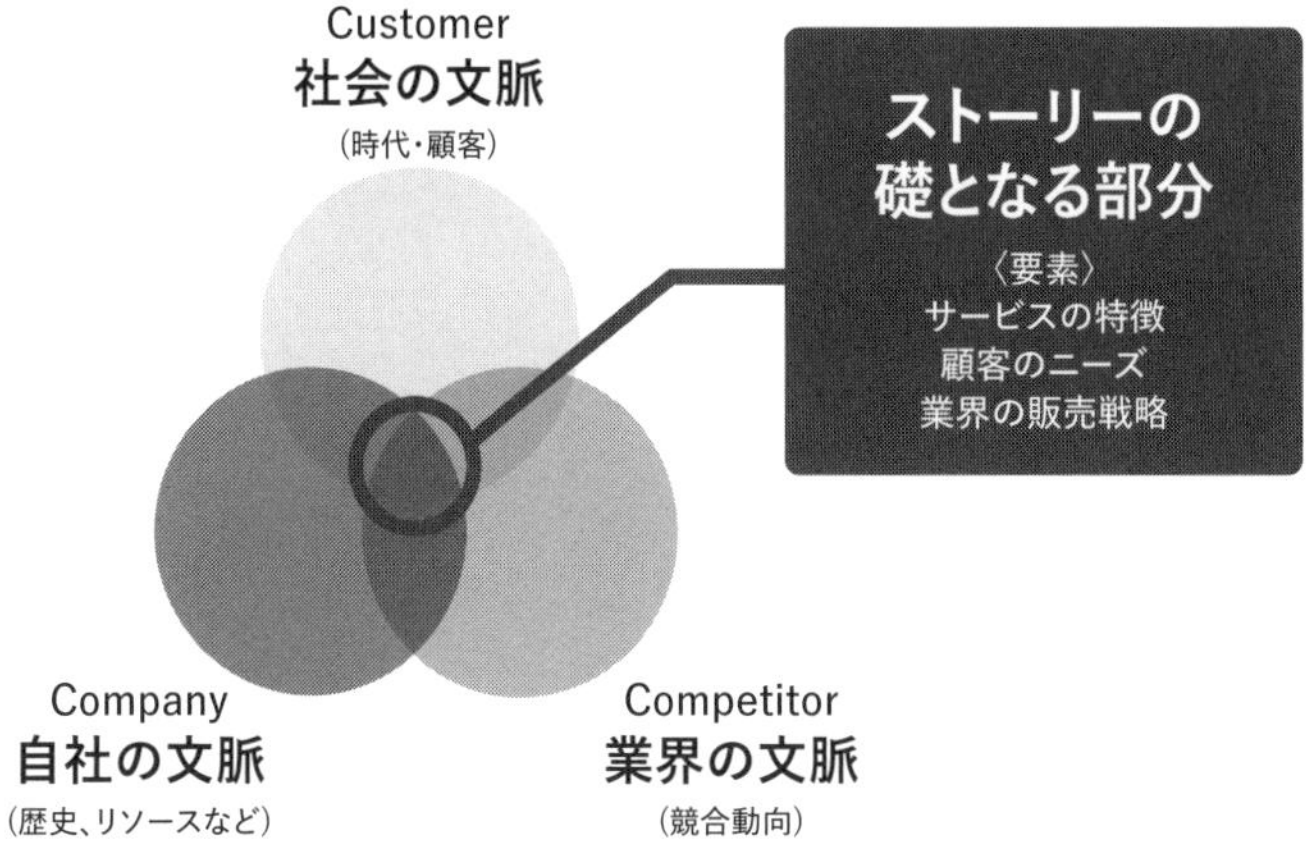

徴づけられていきます。

この作業だけでも自分たちが何者で、何を目指し、何を大事にしているのかを説明することはできますが、残念ながらこれだけではブランドとしての事業価値を生むには至りません。ここから自分たちの特徴や特性を、社会や顧客のニーズと結びつけていく必要性が出てきます。

「継続的に顧客から支持され、選ばれる」ためには、世の中の潮流を見極めながら、顧客のニーズを理解し、自社の商品・サービスをそこに適合させることが絶対条件になります。消費者リサーチやインタビューなどを通じてそれらを見極めていく活動が、CompanyとCustomerをすり合わせる視点です。

同時に３つ目のＣであるCompetitor（競合）

の視点として、競合リサーチを行います。自分たちと直接的に競合関係になりそうな会社や、競合関係ではないけどうまくいっていると話題の会社、自分たちがベンチマークをしている会社などから数社ずつピックアップし、それらの企業の取り組みを分析していきます。競合を分析することで、その市場のスタンダードが理解できます。

どういうニーズに基づく商品やサービスが、いくらで売られているか。どういう流通を通じて売れているか。どのような売り方をしているか。その市場の経営者たちはどのようなメッセージを発信しているのか。このような情報を手がかりに、その市場における理解をより細かく、具体的にしていきます。

Company（自社）とCompetitor（競合）を見比べることで、自分たちの特徴と考えている要素は本当に優れているものか、独自性のあるものかをチェックできます。顧客と競合を見比べていくと、市場にニーズはありそうだが、世の中の企業には提供できていない部分があるのではという気づきを得られます。

このように自社の掘り下げを軸としながら、「これから市場や顧客はどういう方向に動いていくのか」「競合が満たせていないニーズがあるかもしれない」「自社の◯◯という特徴を活かすと、顧客のニーズに響く商品が生みだせるかもしれない」という風に、３つのCの間を行き来することで、事業の道筋が見えてきます。これが自分たちのストーリーづくりの礎となるわけです。

ｉｔｈ（イズ）のストーリーづくり

実際に３Ｃを使いながら事業ストーリーを導いていくやり方について、具体的に理解するために、ｉｔｈ（イズ）の創業時のエピソードをご紹介します。

ｉｔｈ（イズ）は、代表の高橋亜結が個人で始めた吉祥寺の小さなアトリエをルーツにしています。「女性職人の小さなアトリエから生まれたｉｔｈ（イズ）」というストーリーの基本設定はここから生まれましたが、すぐにこの結論にたどり着いたわけではありませんでした。

Customer（市場・顧客）とCompetitor（競合）の視点で、結婚指輪がどんな流れで買われているか、顧客がどんなイメージを持っているかを改めて調べてみると、「大事なものだからこそ、高級感のあるお店で買う」という認識が一般的だとわかりました。皆さんも結婚指輪を買う場所というと、大抵は銀座や新宿といった華やかな街の豪華なブランドやお店を想像されるのではないでしょうか。つまり、ジュエリー業界の王道のやり方は「特別なものだから、特別な（高級そうな）場所で選ぶ」ということです。

その一方で、クラフト感や手づくりの感覚を大事にした小さな工房や地域密着のスタイルも少しずつ広がっていました。アパレルなどの世界でも「カジュアルでリラックスできることがラグジュアリー（贅沢）だ」という価値観のブランドが登場してきていました。

これらの情報から、職人がいるという利点と、吉祥寺の片隅という立地のハンデを逆手にとって、「隠れ家風の工房」でじっくりとオーダーメイドで結婚指輪をつくる、という切り口が見えてきたわけです。

さらに私たちは「女性職人のアトリエ」というコンセプトにフォーカスして世界観をつくることにしましたが、実は当時一世を風靡《ふうび》していたＡＫＢ48の「（本来は会えないはずなのに）会いに行けるアイドル」という逆張りの発想がヒントになっています。

それまでの工芸やクラフトの世界には、どこか男性的なイメージがありました。私たちの周りにも「男性的な無骨さや頑固なイメージがあった方が、工房の信頼度が増すのでは」「女性職人ではどこか頼りなく感じてしまうのでは」という意見もありました。

けれどもあえて「女性職人のアトリエ」と言い切ってしまうことで、そこに意外性が生まれます。一般的なイメージから逸れるということは、セオリーから外れることでもありますが、場合によってはそれだけで個性になる可能性もあるわけです。

またブライダルの方から考えてみると、女性職人のアトリエというのは、実は柔らかさや華やかさが求められる結婚指輪の舞台としてうってつけの状況設定に思えてきたのです。私たちの判断が間違いでなかったことは、その後のブランドの成長によって証明されたと思います。またジュエリー業界でも、ここ数年の間にアトリエ系ブランドというジャンルが確立されつつあります。

基本のセオリーを守った「順目の発想」が良いか、ｉｔｈ（イズ）のような「逆目の発想」が良いかはその時々の状況や持っているリソースによって異なります。しかし、自社、顧客、競合それぞれの状況を見比べながら順目や逆目の思考や行動を洗い出し、その組み合わせから独自の事業ポジションを定めていくのが戦略ストーリーづくりの醍醐味でもあります。

ストーリーを言葉にしていく

３Ｃ分析を頼りにストーリーのベースとなる要素を抽出できたら、ここからは２つの方向からストーリーの骨格をつくり、肉付けし、具体化していきます。

ここで「パトス」と「ロゴス」という考え方を用います。これは古代ギリシャのアリストテレスが引用したとされる、人を説得し行動に導いていくための概念ですが、ビジネスを考えるうえでも非常に役立ちます。

パトスには、「情熱」や「感情」という意味があります。つまり、直感的にわかりやすく、感情に訴えるような言葉を用いて他者に訴えかけるアプローチです。少し語弊があるかもしれませんが、今風に言えば文系脳を使って言葉やビジュアルを導いていく方法です。

それに対しロゴスは、論理的に順序立てて説明し、理解を促していくアプローチです。こちらは数値を用いてより科学的に仮説検証を繰り返していく、理系脳的な方法です。

まずはパトスのアプローチから説明します。情報が溢れ、わずかな時間でさまざまな取捨判断がなされる現代では、その企業や商品を端的に連想してもらい支持を得るために、できるだけ直感的でわかりやすいことが求められます。

最初にやることは「作文」です。3C分析などで導かれた要素を整理しながら自分たちの成り立ちや思い、商品サービスの特徴などを200～300字程度で表現してみます。

大まかな文章ができあがったら、まず要素の不足がないかチェックしてください。創業の背景や経緯、ものづくりやサービスへの思いや特徴、大事にしている世界観やその構成要素（人、場所など）、お客様に届けたい価値、などです。

この段階では言い回しや言葉の美しさなどにこだわる必要はありませんが、文章を推敲しながらどの要素が一番大事なのかといった優先順位を考えていくことで、この後にヴィジョンや

パトスとロゴスの両方を往復しながらストーリーを具体化していく

ロゴス・エトス・パトスの関係性

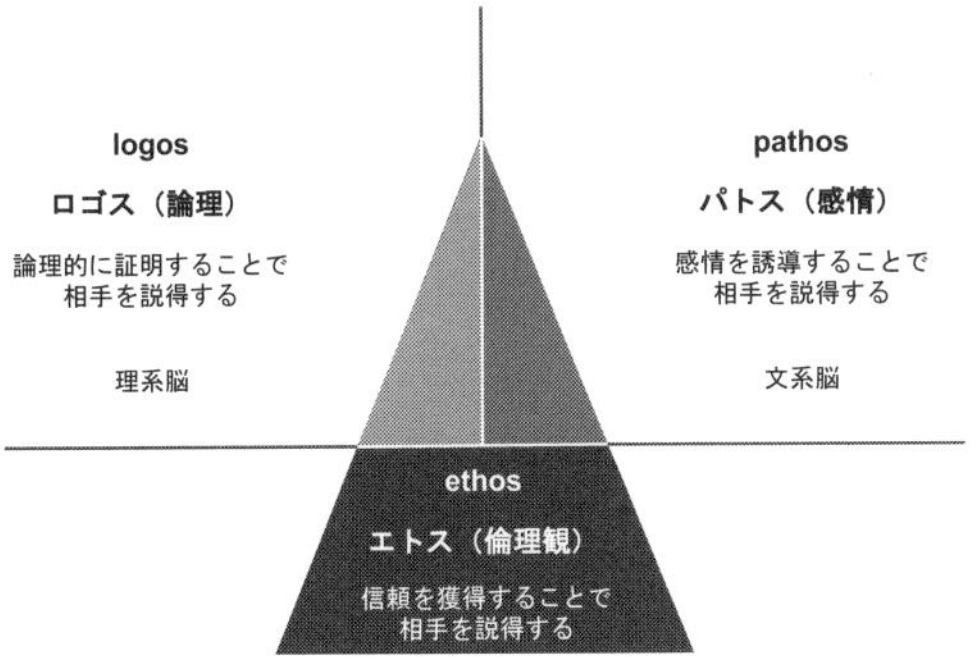

出所：柳沢　浩哉「戦略としてのロゴス・エトス・パトス」日本研究 (5), 1-16, 1991-03　よりAC作成

キーメッセージ、サービス紹介などさまざまな形で展開していく際にも役立ちます。また、広告会社やプロのコピーライターに文章を依頼する際にも、これらの要素が整理されていれば、行き違いや齟齬を防ぐことにも役立ちます。

ブランドにおけるストーリーの根幹は、シンプルに考えると次の2つに集約されます。1つ目は「ｗｈａｔ（何を）」で、「自社の商品やサービスを通じて、顧客にどういった価値を提供するのか」ということ。2つ目は「ｗｈｙ（なぜ）」で、「どういう理由でその価値を提供しようとしているのか」を端的に伝えることです。

ｉｔｈ（イズ）の場合は、「女性職人の小さなアトリエで、一組一組のお客様の指輪を、1つずつ丁寧につくること」がストーリーの根幹です。このストーリーが、商品・サービス、広告宣伝、接客方法や顧客接点のつくり方、アフターサポート、さらにはスタッフの教育など、ありとあらゆる事業活動の軸になるのです。「女性職人の小さなアトリエから始めました。だから、お客様の担当制を敷いています」「だから、オーダーメイドにこだわっています」「だから、自社工房でものづくりをしています」といったように、すべての行動の「なぜ」の部分に原点の物語が横たわってくるのです。

この言葉と内容が腹落ちするものであるほど、顧客もスタッフも強い納得感を持ってブランドを理解して受け止めてくれるようになります。そして、それらがお題目ではなく、提供する価値と実際に結びつくことで、ブランドとしての信頼感やロイヤルティが生まれてくるのです。

本書では豊かさを生み出すという前提でブランドづくりを考えていますが、2章で定義した精神的な充足、社会課題への配慮、多様性の尊重といった要件を実現していくには、「なぜ」の部分、パーパス（存在意義）をきちんと掘り下げることが極めて重要です。

ストーリーを数字にしていく

言葉によるストーリーができたら、次はその言葉を論理的に、理屈立てて理解していきます。これがロゴス（論理）のアプローチです。

ブランドという抽象的なものをより具体的に理解し、行動やその成果をはかりながら、継続

What/Why でブランドストーリーを構成

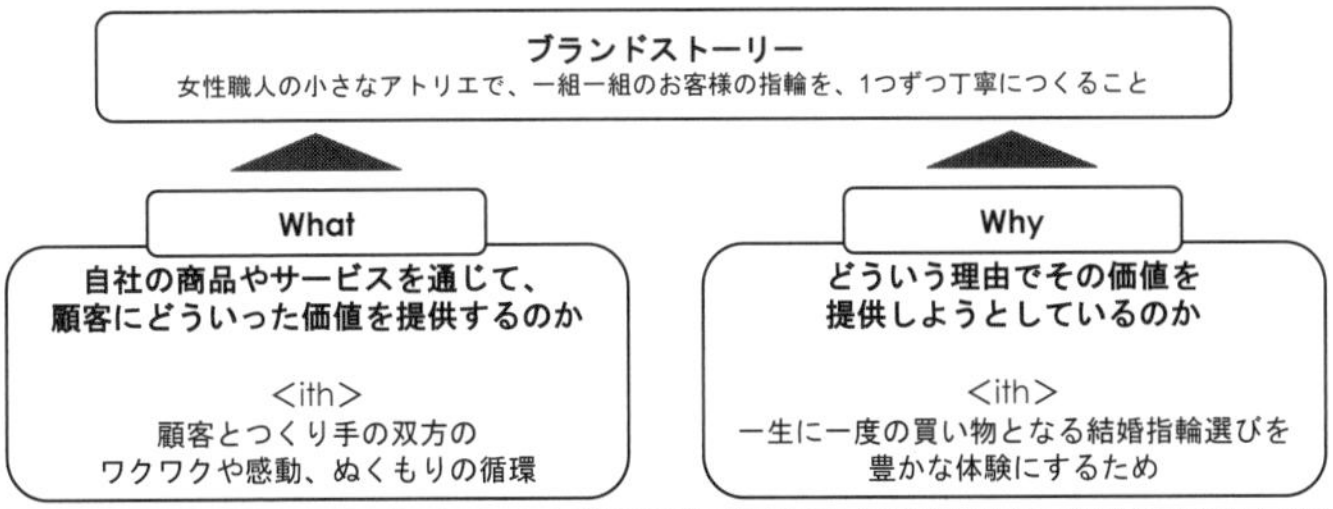
ブランドストーリー
女性職人の小さなアトリエで、一組一組のお客様の指輪を、1つずつ丁寧につくること
What
自社の商品やサービスを通じて、顧客にどういった価値を提供するのか
<ith>
顧客とつくり手の双方のワクワクや感動、ぬくもりの循環
Why
どういう理由でその価値を提供しようとしているのか
<ith>
一生に一度の買い物となる結婚指輪選びを豊かな体験にするため

ブランド名	ブランドストーリー	What	Why
MEDULLA	私がときめく、私でいよう。	日常を、自分に合うものばかりに囲まれているようにする	なりたい私、を実現するため
factelier	日本のものづくりから世界一流ブランドを作る	着る人の気持ちを安心させる服を届ける	職人の技術を適切な価格で届け、技術者を守るため
MOTHERHOUSE	途上国から世界に通用するブランドをつくる。	現地特有の素材を活かした製品を提供する	「途上国」と一括りにされた場所にある可能性を証明するため

出所: 各社HPよりAC作成

的な活動を行うために、数値を用いて企業活動を可視化していきます。特にデジタル化されたマーケティングでは、数値を通じて意味を理解し、実践を導いていくことが重要なスキルとなります。

複雑な現実の世界やビジネスを、数値という形で表現するにはさまざまな手法や考え方がありますが、ここではできるだけ難しい理論や数式は抜きにしてご紹介します。

まず第一に押さえるべきは、市場の構造とそのなかでの自社の立ち位置です。もう少し具体的にいうと、市場規模、そのなかで自分たちが占めている、もしくは占めたいと思う割合の2点です。仮説でもいいのでとにかく数字で設定してみてください。実はこの数字がビジネスの行く末や可能性をほぼ決めてしまうのですが、たいていの場合自分たちの家業や生業をベースに事業を構想してしまうために、客観的な情報の把握を疎かにしがちでもあります。

冷静に考えれば当たり前ですが、市場規模よりもその事業の売上が上がることは絶対にありません。競合がいる場合には一人勝ちするのもまずあり得ませんが、つい自分たちの事業や仕事に思いが強くなるあまり、可能性を過度に見積もってしまい、到底不可能な成長や、過剰投資をするといった失敗を犯してしまうのです。自分たちのストーリー重視のブランドづくりにおいて、陥りがちな罠であり、特に気をつけなければならない点です。

実際のブランドづくりのなかでは、自分たちが目指すビジネスの市場規模があまりにニッチになりそうな場合には、ストーリーの打ち出し自体に立ち戻って修正が必要です。

また恒常的な事業の数値管理の手法としては、KPI管理がよく使われています。KPIは「重要業績評価指標」を指し、目標にしたゴールへの過程において、その達成度をデータで把握し、評価するものです。

売上＝来店数×成約率×顧客単価×購入頻度

たとえば、1個1万円の商品を売っているお店があるとします。1日に100人のお客様が来店し、そのうちの半分の人が商品を1個ずつ買うとすると、まず、来店数（100人）に成約率（50％）をかけて50成約です。顧客単価が1万円なので、さらにかけ合わせると売上は50万円になります。

売上を2倍にするには、どうすればいいでしょうか。シンプルに考えれば来客を2倍に増やす、成約率を100％にする、単価を2倍にする、もしくはその組み合わせという方法が考えられるでしょう。

では、来店を2倍にするにはどうしたらいいか。そのお店を知っている人の数（認知者数）が1000人で、そのうちの100人が来店すれば、来店率は10％になります。ここで、「来店者数＝認知者数×来店率」という式が成り立ちます。この式に従って考えると、認知者数を2000人に増やせば、理屈上2倍の来店があるかもしれません。もしくはイベントを実施するなど、いつもより興味を持ってもらい来店数を20％にすることでも2倍の来客をつくることもできます。

このような考え方で自分たちの事業や活動、行動を指標化しながら、言葉で語られるストーリーやそこから生み出したい成果、スタッフ一人ひとりの仕事がきちんとつながっているのか検証することが、ロゴスのアプローチの大事なポイントです。このアプローチがきちんと浸透すれば、自分たちのひとりよがりや、思い込みという罠にはまることも少なくなります。

「成約率」は、私たちの会社でも非常に重視しています。成約率は売上を高くするためのＫＰＩと同義ですが、顧客が納得し、満足してはじめて成約につながるわけですから、同時に「どれくらい顧客に寄り添って指輪づくりに取り組めたか」という指標にもなります。私たちが目指す「顧客に寄り添って一つひとつオーダーメイドの指輪をつくる」というあり方を、具体的にどれだけ実現できているかという指標にもなっているのです。

また、お客様の行動から得られるデータは、世の中からの評価やメッセージとも読み取ることができます。自分たちはどの程度知られているのか、そのうちどれくらいの人が商品・サービスに興味を持ってくれているのか、などが数値として把握されるわけです。これらの定量情報に、お客様からの感想や口コミによる定性的な情報を重ねて合わせることで、自分たちの思いや理想がどれくらい評価され、支持されているのかがわかるのです。

情熱と論理の融合が成果を生む

パトスとロゴスそれぞれのアプローチが相互補完的に組み合わさることで、自分たちのストーリーを軸にしたダイナミックな力が生まれます。この推進力を生み出すことが、ブランドづくりのなかでマーケティングが果たすべき役割といえます。

同じような形で大きな成果を生み出した事例として、2019年のラグビーW杯でベスト8という大躍進を遂げた日本代表「ブレイブ・ブロッサムズ」をご紹介します。

スポーツとものづくりは一見何の関係もないように思いますが、目的に対して、メンバーの持つ能力を引き出し、価値を生み出すという点で、進化した現代スポーツの世界から学ぶべきことは少なくないと考えています。

2019年の流行語大賞に選ばれたことでご存じの人も多いかもしれませんが、彼らが掲げた共通のヴィジョンは「ONE TEAM（ワンチーム）」という言葉でした。ラグビー先進国の諸外国に比べて、個々の体格やスキルで劣る部分を覆し、勝利に近づくためには、全員が同じようなプレーのイメージを共有し、阿吽の呼吸のレベルにまで連携性を高める必要があります。またラグビーの競技規則から、代表チームのメンバーは多国籍の人種で構成されています。このような背景のもと、選手・スタッフを含む全関係者が、戦術や技術面、そして精神面の両側からイメージや思いを共有し1つになるというストーリーが「ONE TEAM」には込められていたのです。

スポーツで力を最大限発揮するには、フィジカルだけでなく、メンタルの部分も重要です。「ONE TEAM」という言葉には、当事者にしか分かり得ない深い意味が込められていたはずです。これこそまさに、パトスのアプローチなのです。

さらにこの裏側には、ロゴスのアプローチが張り巡らされています。ラグビーに限らず、近年トップレベルのスポーツ選手にはGPSを搭載した機材が設置され、一人ひとりのパフォーマンスがすべて数値で測定できるようになっています。そこで取得される具体的な数値により、誰が、どのタイミングで、どのエリアで、どれだけ走るべきか、などといった指標値に基づいてトレーニングし、ゲームプランニングがなされます。食事などの管理も具体的な数値に基づいて設定されています。

つまり、「ONE TEAM」というヴィジョンを実現するために、具体的な行動やそこで達成すべき数値などがKPIとして張り巡らされていたということです。選手たちはそれを基準にヴィジョンを具体的な行動へと結びつけ、さらに行動を通じてヴィジョンに強い情熱の火を灯すことで、日本初のベスト8という偉業を達成し、観客たちを感動させる価値を生み出したのです。

これがまさに、情熱と論理がお互いに補完しあうことで目標を目指し、その結果と行動によって人の心を満たす豊かさを生み出した好例と言えるのではないでしょうか。

②メディア――顧客接点を再定義する

マーケティングを通じてストーリーを導き出したら、それを顧客やスタッフと共有しながら、具体的な商品・サービスとして実現していくアクションへと移っていきます。

続いては2つ目のM、メディアです。メディアというと、テレビ、ラジオ、雑誌、そしてインターネットなどの媒体をイメージされるかと思いますが、ここでは企業と顧客間のコミュニケーションを取り持つ顧客接点全体と定義しています。

「リアル店舗はメディアになる」というコンセプトを広めた小売コンサルタントのダグ・スティーブンスの書籍では、コロナ禍を経て「ティックトックにしても、インスタグラムにしても、テキストメッセージにしても、フェイスブックの投稿にしても、すでにそこが『店』になっているのだ」と述べています。つまり、すべての顧客接点がメディアでもあり、店舗でもあるのです。

このような認識を前提として、マーケティングで組み上げたブランドのストーリーを軸に、顧客接点全体でどのようなコミュニケーションをとるのかを設計し、実行していきます。

顧客コミュニケーション戦略の組み立て方にもさまざまな方法がありますが、本書ではインターネットを中心とした基本的なコミュニケーション設計と、次の3つの施策ポイントを紹介していきます。

⑴Webを中心とする自社メディア
⑵SNSや広告などの外部メディア
⑶リアル店舗

顧客体験に沿ったコミュニケーション設計

まず最初に行うことは、顧客接点全体のコミュニケーション設計です。どこで、どのように自社や商品・サービスを知って、興味を持ち、購入や来店につなげるか。そこからファンになり、リピートしてもらうか。この流れを想定し、一つひとつの顧客接点が線としてつながるように組み立てていきます。

コミュニケーション設計で使われる手法に、「カスタマージャーニーマップ」があります。これは、顧客の行動や感情などを想定しながら、それぞれの接点ごとにどんな情報を伝えていくか、どのようなやりとりをするかを定めていくためのツールです。

カスタマージャーニーマップの例

	認知	興味	購入	リピート
行動	☐ どんなブランドがあるかワクワクする ☐ 指輪の情報を集めたい	☐ どんな指輪が作れるのだろうか ☐ 価格はどの程度か	☐ オーダーメイドの指輪を作れて嬉しい ☐ 完成が待ち遠しい	☐ せっかく作った指輪が馴染まず残念 ☐ 指輪が汚れてしまい悲しい
感情	☐ インターネット上で指輪を検索	☐ スマホでHPを閲覧 ☐ 店に電話して話を聞く	☐ 来店して、デザインや見積の相談	☐ 再度来店してつくり手に相談
伝えるべき情報	☐ ith自体の存在 ☐ オーダーメイドで指輪が作れること	☐ つくり手の親身な対応による満足の声 ☐ 指輪のレパートリーの多さ	☐ アフターケアやFAQ などの購入時の安心材料	☐ サイズ直しやクリーニングができること
解決策	☐ Web広告の掲載 ☐ ithサイトの用意	☐ HP上にレビューを載せる ☐ 指輪が出来るまでの動画をアップする	☐ つくり手からの案内 ☐ サイト上からFAQ等の形で情報を発信	☐ SNSやサイト上でのFAQ等の情報発信

これらのフレームワークを用いて顧客接点をプランニングする際に最も大事になるのが「顧客体験を満たす」という視点です。

「顧客体験」にもさまざまな解釈がありますが、私たちは「企業と顧客とのやり取り（体験）を通じて、企業側のストーリーを理解してもらいながら、最終的に顧客が価値やストーリーを生み出していくこと」だと考えています。

自分たちの商品やサービスを顧客に選んでもらうには、まず知ってもらって、そこから興味を持ってもらい、「ここがいい！」と顧客に自分ごと化してもらって行動してもらわなければなりません。企業には自分たち目線の行動や情報を顧客目線に変換し続ける作業が必要なのです。

顧客体験の充足は積立方式

顧客体験を満たすために、もう1つお伝えしたい考え方が「顧客体験は一気に高まるのではなく、さまざまな体験を通じて徐々に高まっていく、ポイント積立式」のようなものだということです。

知ってもらって、「ちょっと気になる」という状態から始まり、ＳＮＳやＷｅｂサイトなどを通じて「なんかいいかも」「ちょっと可愛いかも」と思ってもらう。「お店に行ってみようかな」とか、「試しに買ってみようかな」から「やっぱりここの商品がいいかも」「間違いない！」と購入してもらう。さらに、「また買いたい、また来たい」という気持ちになるように、1回ごとの体験を通じて少しずつ「いいな」という気持ちを蓄えることで、ブランドへの支持やロイヤルティが強くなってきます。

その反面、一つひとつの顧客体験が満足のいくものでなかったり、それぞれの体験が一貫性を欠くものであったりすることで、少しずつ蓄えた支持を一気に失う怖さもあります。このことをよくわきまえ全体のプランニングとその実践に取り組む必要性があります。

認知～興味喚起～購買～リピートで活用する主なメディア

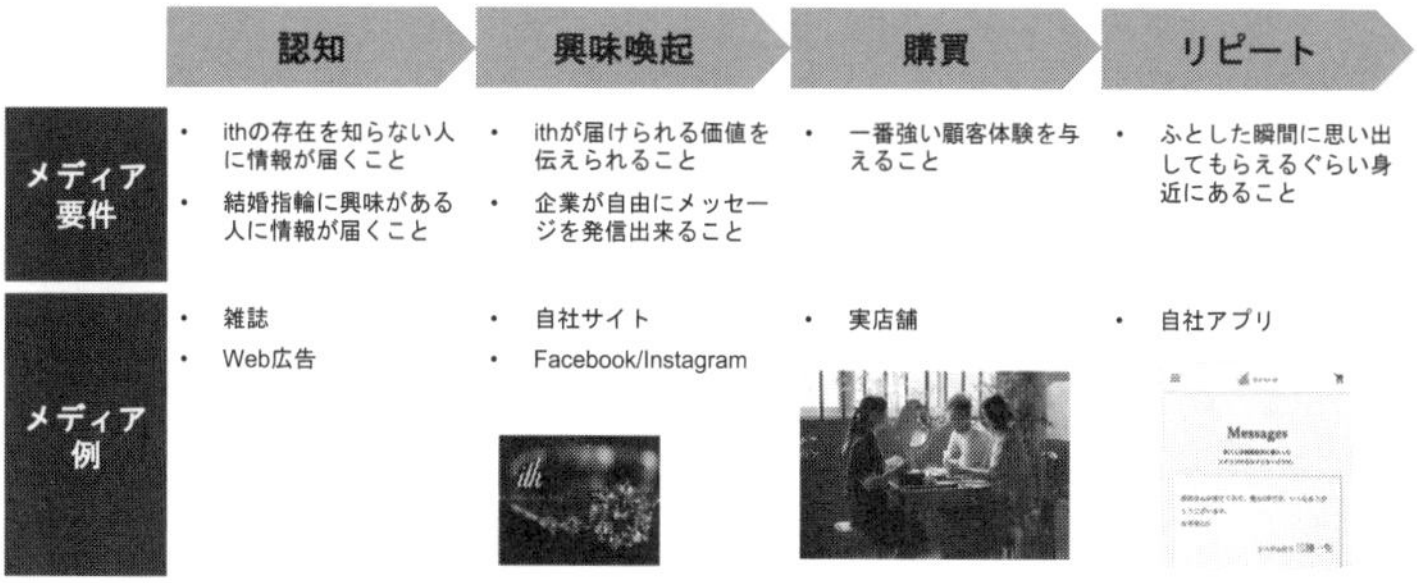

	認知	興味喚起	購買	リピート
メディア要件	・ ithの存在を知らない人に情報が届くこと ・ 結婚指輪に興味がある人に情報が届くこと	・ ithが届けられる価値を伝えられること ・ 企業が自由にメッセージを発信出来ること	・ 一番強い顧客体験を与えること	・ ふとした瞬間に思い出してもらえるぐらい身近にあること
メディア例	・ 雑誌 ・ Web広告	・ 自社サイト ・ Facebook/Instagram	・ 実店舗	・ 自社アプリ

最初は浅く、徐々に深く

ここからさらに具体的なプランニングに入っていきます。マーケティングで導き出したストーリーをもとに、それぞれの顧客接点でどんなメッセージを届けていくか。もしくは顧客を知るために、どんなコミュニケーションをとるのか。「①認知 ②興味喚起 ③購買行動 ④リピート」という流れに沿って、検索エンジンやWeb広告、SNSといったWebメディアからプランニングしていきます。

自社ならではのストーリーが大事だと言っておきながら、逆のことを言うようで恐縮ですが、自分たちのことを何も知らない見込み顧客に興味を持ってもらうには、はじめは自分たちのこだわりをそのままぶつけるのでなく、より顧客目線で興味を引く訴求内容に変換して伝える工夫が大切です。

私たちが実際に使ったWeb広告の事例をご紹介します。まずは上の2枚の写真を見てください。A（ダイヤモンドリングの写真）とB（職人の写真）の2つの写真のうち、一番最初に顧客の興味を引くには、どちらの写真が適当だと思いますか。

正解は、写真Aです。

私たちのストーリーは「女性職人のアトリエから始まった結婚指輪工房」なので、そこから考えると、Bの方がそのストーリーを的確に表現しているように思えます。Bのビジュアルを使ったWeb広告をつくったり、SNSで情報発信をしてしまいがちですが、私たちの経

見ただけで理解しやすく認知はとりやすい（しかし、世界観は遠い）

世界観には近いが認知は取りづらい（何の情報か理解しにくい）

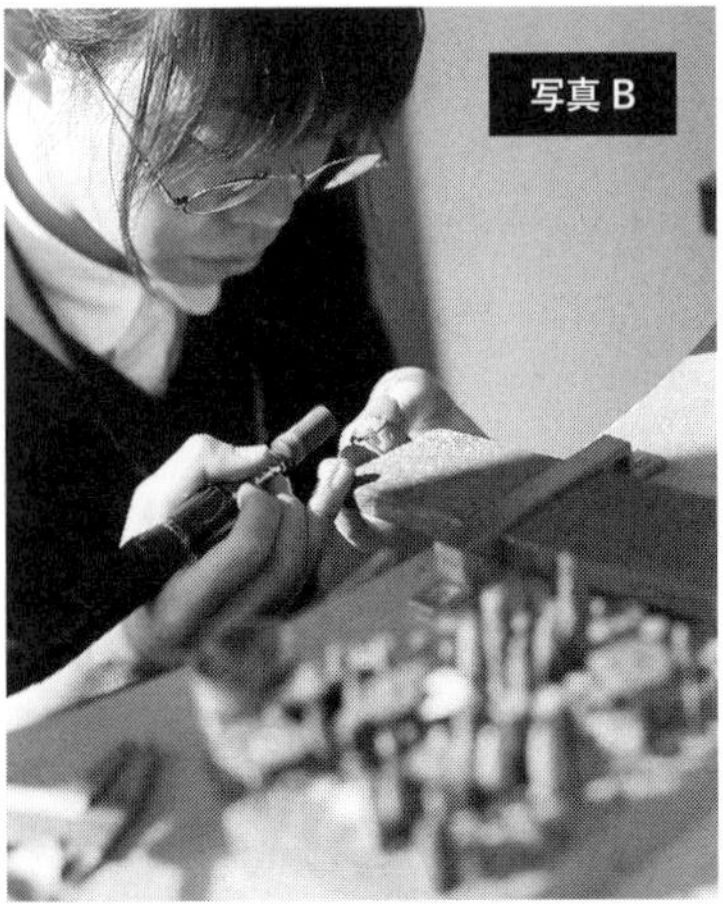

世界観とキャッチーさのバランスがちょうどよい

験に基づけば、高い確率で成果を生み出すのはAのようなビジュアルです。なぜなら、Aの方がよりストレートかつ直感的な興味を引きやすいからです。

認知から興味喚起、購買へという流れにおいては、お客様の側から始めて、徐々に自分たちの方へ引き寄せてくる流れが重要です。

ここで厄介なのは、最終的なゴールは販売にあるのですから、一番大事なのは、そのゴールにつながるクリエイティブかどうかということです。

お客様の興味を惹くことが大事だとはいえ、無理して世界観をつくっても、結局のところ、最終的な成果にはつながらないこともあります。実は先ほどの写真Aは、認知はとれてもその後の離脱も大きかった失敗事例です。

認知をとる場合は、自分たちの一番の芯を理解してもらいたいという欲求をぐっとこらえて、こだわりはほどほどにおさえ、わかりやすく伝わりやすいビジュアルやコピーを使っていくことも大切です。参考として私たちがAに変わって使用した認知用の写真C（165ページ）も紹介しておきます。

ある程度のリーチの広さを持たせながら、後々コミュニケーションギャップが起きないように、自社の特徴ができるだけ正しく伝わる工夫が改めて重要になります。このあたりの最適なバランスを見極めていくことが、継続的な情報発信のなかで大切なポイントなのです。

顧客を惹きつける自社メディア

SNSを含めた外部メディアを活用し、認知がとれたら、商品・サービスについてさらに知ってもらい、自分たちのストーリーや世界観をより深く感じてもらうことで、より強い興味を喚起していきます。ここからは、オウンドメディアと呼ばれる自社のWebサイトやブログなどが中心になっていきます。オウンドメディアで発信する情報についても、幅広い認知をとるものから、より深く自分たちのこだわりを伝えるものなど、目的に応じていくつかの方向でコンテンツをつくっていきます。

オウンドメディアでも大事なのは、顧客目線で理解してもらうということです。自分たちのこだわりや思いが、単なるひとりよがりでなく、顧客に対する価値とつながっていることを感じてもらえるように、コンテンツを表現していきます。

運用を仕組み化する

オウンドメディアやＳＮＳの運用に関する相談で特に多いのは「どんな内容を発信すべきか」「どのような体制でやっていけばいいのか」ということです。

内容については、ものづくりの製法やそのこだわり、お客様とのコミュニケーション、商品やサービスをより深く楽しむための豆知識などがコンテンツ化されがちですが、ここでも一貫して、顧客目線で喜ばれるものであることが大切です。

内容はもちろんですが、情報発信でさらに大事なのが、継続的に発信し続けることです。そのためには、安定的な運用方法と体制をつくることが重要です。

ｉｔｈ（イズ）には約60名ほどの店舗スタッフがいますが、彼女たち一人ひとりが担当したお客様の指輪に関する思い出を、写真入りのブログ形式で記事にしています。「ブログを見て、私たちもここで指輪をつくりたいと思った」というお客様もいる人気コンテンツですが、担当者が１件ずつ記事をアップしたとしても、月におよそ60件の新規コンテンツが生成されることになります。

私たちの場合は、このブログを一次コンテンツと位置づけ、そこから優れた写真を抜き出してインスタグラム用に展開したり、手を入れてSNS広告と連動させるなど、ワンソース・マルチユースの仕組みをつくっています。自社でコンテンツ運用をする場合、限られたリソースでできる限りの成果を生み出すためにも、このような仕組みづくりが非常に大切になるわけです。


コンテンツをより良くするには、継続的に活動を続けながら、データを見て修正を加えることも大切です。私たちが外部のコンサルティングに入る場合にも、まずは体制を整えることを第一歩としてお願いしています。

D2CからC2Mへ

ここでD2Cのビジネスについても触れたいと思います。

WebやSNSを活用し、自社のストーリーを理解してもらい、顧客とダイレクトにコミュニケーションをとることで支持を得て成長していくブランドとしてD2Cブランドは登場してきましたが、リアルをメインのビジネスとする企業でも、新しい価値づくりなどの目的から、

D2C の現在とこれから

	現在(2.0)		これから(3.0)
顧客視点	オンラインでほぼ完結 (Web/SNS)	▶	顧客を軸にオン/オフが調和 (Web/SNS/リアル店舗)
商品 ものづくり	つくり手は裏方 (OEM中心)	▶	つくり手も主役に (文字通りD2C)
提供価値	消費者側(共感)の世界観 直販だから安い −コスト訴求	▶	消費者×生産者(共創)の世界観 直販だから満足度が高い −付加価値訴求
プレイヤー	デジタルスタートアップ EC/通販会社	▶	D2C生き残り企業 オーセンティックなリアル企業 (大企業/中小企業)

新規事業としてD2Cに取り組む企業が増えてきています。

一過性のバズワードではなく、D2Cに本質的な意義を見出すならば、顧客とつくり手がダイレクトにつながることで、双方の意思と価値がダイレクトに循環するという仕組みにその価値があるのではないかと思います。そのように捉えると、Webだけでなく、リアル店舗なども含めたすべての顧客接点において、ダイレクトな関係を構築する仕組みが重要になってくるでしょう。

また一般的にD2Cというと、消費者向けのビジネスを想起しますが、BtoBビジネスにおいてもその仕組みを活用することは可能です。インターネットなどのダイレクトチャネルを通じて、マニアックなブランドのファンを育成したり、そこから新しい商品やサービスのアイデアを吸収したりすることもできます。

さらにD2Cの進化系として、個客としての消費者側の要望に応じて企業が提供する商品・サービスを変化させ、提供していくC2M（Consumer to Manufacturer）という流れも加速してくるでしょう。ものづくりの領域の重要性が高くなるなかで、手仕事が果たす役割と意義も改めて見直されてくると考えています。

再定義されるべき店頭の役割

コロナ禍を通じて、オンラインで顧客とつながりを生み出す重要性が急激に高まっています。3章でも述べましたが、コロナ禍という極めて特殊な状況のなかで、ECサービスなどのオンライン化への取り組みがクローズアップされる一方で、およそ8割の商取引は依然としてオンライン以外のチャネルを通じて行われているという実情もあります。

このような事実から考えると、リアル店舗が不要になるとか、その存在感が薄れるということは当面起こり得ないでしょう。むしろ、リアル店舗の役割を改めて見直し、再定義していくことこそが重要です。

これからのリアル店舗の役割を考えるうえで、踏まえておくべきポイントが2つあります。1つが「ストーリーの発信拠点としてのリアル店舗」、もう1つが「OMO（Online merges with Offline)」と呼ばれるオンとオフの世界がシームレスにつながる仕組みづくりです。

店頭を情報発信の拠点に

リアル店舗だからこそ果たせる大きな役割が、自社のストーリーを発信する拠点としてのショールーム＆スタジオ機能です。

商品、人、空間を通じて、最も濃い顧客体験を提供する場所として店舗を位置づけることで、あえてその場所に行く意味を生み出していきます。

宗教の世界には、聖地や総本山という存在があります。その土地や建物が発祥の地であったり、最も大切な神様が祀られていることで、その場所に特別な価値が与えられています。そこに行けば教義や世界観の真髄を体験できます。宗教と比較するのは憚られるかもしれませんが、リアル店舗にも自分たちの世界観や、届けたい価値の真髄が味わえる店づくりをすることで、これまでの店舗がより特別な場所に位置づけられるのです。

フラッグシップ店舗と呼ばれる店舗開発とさほど変わらないのではと考える人もいるかもしれませんが、従来の旗艦店のように特別な店舗だけでなく、一つひとつの店舗ならではの顧客体験が特別になるように設計されていること。そのための備えが求められるようになります。

それに加えて従来のデジタル社会のなかでは、情報発信のための「スタジオ機能」も求められるようになると考えています。

具体的には、SNSやユーチューブなどに向けたコンテンツを制作できる環境を併設することで、最も濃い体験を提供できる場所から、魅力ある情報発信ができるようになります。SNSを活用したライブコマースなどの展開も生まれてくるでしょう。

ユニクロでは、2021年6月に国内最大級の自社スタジオを有明にオープンしています。そこではジーユーなどのグループブランドも含めて、デジタルのコンテンツづくりに欠かせない商品写真や、動画の撮影ができる施設も整っています。また、Web制作部門の人が利用できるワーキングスペースも完備されているそうです。

大企業だけでなく、自社の店舗などをうまく活用することで効果的にブランド発信している企業も増えています。私たちのブランドであるith（イズ）や、オーダーメイド家具ECのWELLでも、アトリエや工房をスタジオ化して、インスタグラムやユーチューブなどへの情報配信に取り組んでいます。カメラやマイク、編集システムなどの機材についても数万円から数十万円の費用で準備できるため、以前とは比べものにならないほど低コストで店舗のスタジオ化は実現できるようになっています。

オンとオフをつなぐスマホアプリ

店頭で余計な時間やストレスをかけずに商品やサービスを受け取れたり、一番濃く充実した体験時間を過ごしてもらうという観点から、デジタルを用いて来店前後の時間を有効活用することで、体験価値を高める可能性も広がっています。

ＯＭＯを行うにはさまざまなデバイスや手段がありますが、今のところ最も活用しやすいのはスマートフォンでしょう。肌身離さず持ち歩くスマートフォンの中にアプリやＷｅｂマイページを仕込むことで、来店の前後で必要なコミュニケーションがとれるようになります。

2章でも紹介したスターバックスの「Mobile Order&Pay」はＯＭＯサービスの好例ですが、モバイルオーダーに関してはマクドナルドやスシローなどの外食チェーンも同様の取り組みを始めています。

アパレルの世界でも、自社アプリを活用し、三越伊勢丹や西武・そごうといった百貨店から、メーカー、セレクトショップなどがオンライン接客を開始しています。アパレル業界では、これまでリアル店舗とＥＣで在庫がわかれ、成果の分配や責任の所在が曖昧になるといった問題がネックになり、取り組みが進まずにいましたが、コロナ禍に背中を押される形で多くの企業が試行錯誤しながらベストプラクティスを生み出そうとしています。

私たちもこれらのサービスをヒントに、結婚指輪選びのOMOサービスとしてオンラインカウンセリングや独自のECサービスを開発しました。この事例については5章でご紹介しますが、成功のヒントとして、リアル店舗の営業やサービスがただ置き換わるのではなく、**オンとオフが連携することで独自の価値が生まれるかどうか**が重要だと考えています。

リアル店舗の役割を見直し、これから先の可能性に目を向ける必要性を理解しつつも、現時点ではそのポテンシャルを十分活かせず、場所と人が重いコストとしてのしかかってきている企業も少なくないでしょう。

まだまだコロナ禍との戦いが続くなか、役割を再定義したうえで店舗の機能を新たに開発し、つくり変えることのできる体力が十分にある企業と、そうでないところでは大きな温度差があるでしょう。このコロナ禍が収束したのちに、現在の状況を好機と捉えて行動を起こした企業との差が生まれてくるでしょう。

それらの負担を辛く感じてしまう気持ちがわかる一方で、オンライン専門ブランドのなかには、むしろリアル店舗に手を伸ばすところも少なくありません。彼らはネット内でのさまざまな活動に精通しているからこそ、ネット上でできることの限界と、リアルでしか伝えきれない魅力や価値があることを理解しているのです。

ここまでにご紹介した事例のように、大規模な投資体力がなかったとしても、身の丈にあった形で顧客接点の再定義を行うことは十分にできます。それぞれの企業に合う形で、改めて役割を見出してほしいと思います。

③マニュファクチュアリング——ストーリーに基づくものづくり

3つ目のMはマニュファクチュアリング、ものづくりについてです。ブランドという概念は企業活動全体を示し、さらには顧客体験がブランド価値を大きく左右するとお話しをしてきましたが、すべては商品を中心としたやりとりのなかで行われるものです。

商品＝ものづくりにストーリーが込められてこそ、独自性を持つ存在として顧客に選ばれるようになります。また、ものとものづくりの力が顧客にとってのストーリーを生み出すとき、「共創のものづくり」としてさらに強い価値が生まれていきます。

ストーリーがものづくりに深みを与える

ここでもまず押さえるべきは、ストーリーに基づいて自分たちの商品や、ものづくりを定義していくことです。なぜこの商品をつくっているのか、なぜこの材料を用いているのか、なぜこのつくり方にこだわっているのか。「なぜ」の土台となるのがストーリーです。

鹿児島にリュトモスというレザーブランドがあります。代表の飯伏正一郎氏とスタッフ数名の組織ですが、ものづくりに対する独自の世界観と、手仕事のあたたかみある商品で全国に熱心なファンを持つブランドです。ブランド名は古代ギリシャ語の「命の鼓動」に由来しますが、レザーという生きものの命から生まれた素材を扱うことを大切にしたいという思いが込められています。

普段私たちはほとんど意識しませんが、職人が取り扱う革の一つひとつにはそれぞれの個性があります。革には牛や馬などが生きていた証として、傷やシミなどがついていることもあります。彼らはそういった傷やシミの入った素材を取り除くのでなく、あえて個性として活かして商品をつくっています。傷を隠さずに商品に盛り込むこと自体が、彼らの考え方をダイレクトに表現しているわけです。

また、生産のプロセスでどうしても出てしまう革の端材を活用した商品開発なども進めています。彼らのものづくりすべて「命」を取り扱っているからという土台がストーリーとして横たわっているのです。

このように、ストーリーと商品の間のつながりが濃いほど、その商品やブランド全体としてのものづくりに深みが生まれてきます。そして、この深みの蓄積が、そのブランドに継続的な魅力を与えていきます。

タレントやインフルエンサーを使って瞬間的に商品を売りさばくような事例も多く、こういった企業や商品にもブランドという言い方をすることもあります。けれども精神的な豊かさを生み出すという観点においては、**一貫したストーリーから継続的に価値をつくり続けられる企業や商品**こそが、ブランドと呼ぶにふさわしいのではないかと考えています。

実直にものづくりに励んでいる企業の多くは、その活動を通じて深みの素を培っています。その素を、顧客に伝わるように抽出していくのが、ものづくりにおけるブランディングの役割でもあります。

オンデマンド型のものづくりの可能性

2章でも説明したように、精神的な豊かさを求める現代の消費者は、無自覚な大量生産大量消費を前提とした商品・サービスや、過度な物質的繁栄の裏側で誰かが犠牲を被るような状況を良しとせず、そこから脱却してつくられたものを選択するようになってきています。

その一方で、他者から与えられた価値観や判断基準よりも、自分自身にとって良いかどうか、自分たちの価値基準に照らしてフィットするかどうかという、個人の多様な価値観を大切にする傾向も生まれてきています。

地球全体としての大きな物語の一員であると同時に、かけがえのない1人としての小さな物語も満たすという両極端な志向を満たすものづくりとして、個々のニーズに基づき、必要なものを必要な分だけつくること。そして、それを愛着を持って長く使っていくこと。そんなオンデマンドのものづくりやものとの関わり方が、これからの時代ではより大切になってきます。

オンデマンドのものづくりは、経営面からも、大量の在庫に頭を悩ませ、おかしいと気づきながらも廃棄ロスを織り込んだ計画をするような現状から脱却する1つの糸口を与えてくれるでしょう。

マスカスタマイゼーションとも呼ばれる取り組みが増えつつあるものの、まだ世の中に十分なインパクトを及ぼすまでには至っていない状況も踏まえ、オンデマンドでパーソナライズされたものづくりを取り入れて推進していくためのアプローチ方法を紐解いていきます。

手仕事によるオーダーメイド

最も古典的な方法が、手仕事によって一点ずつつくるオーダーメイドです。かつては多くのものづくりが職人の手仕事で一つひとつなされていました。現代においても限られた人しか手

生産方法の主な分類

	主な生産方法	企画、デザイン	生産／製造
①量産	機械生産	大量生産を前提に型を決めてデザイン	基本の型をベースに生産ラインをつくり製造
②フル オーダーメイド	手仕事	一つひとつ個別にデザイン	一つひとつ個別に制作
	3Dプリンター	CADなどにより一つひとつ個別にデザイン	コンピューター＆出力機器を用いて一つひとつ個別に制作
③カスタム オーダー	機械生産 ＋パーツ 組み合わせ	ベースとなるデザインをもとに、変更可能箇所と種類を定めデザイン	基本の型をベースに生産ラインをつくり、パーツの組み合わせを変えてカスタマイズ
④セミオーダー	機械生産 ＋手仕事	ベースとなるデザインをもとに、可能な範囲で変更を加えてデザイン	基本の型をベースに生産ラインをつくり、手仕事で個別修正を加えてカスタマイズ

にできないような高級品の多くは、職人の手によるオーダーメイドで生み出されています。

顧客のオーダーを元に、サイズなどの仕様を調整しながら行うものづくりは、ある意味究極的なオンデマンドでパーソナライズされたものづくりです。しかし、できる数量には限界があり、かかる手間暇からも高価なものになりがちです。それゆえに、限られた人しか手にできないものになってしまうというのがネックになります。

部品を組み合わせるカスタムオーダー

大量生産の仕組みが普及した上で、多品種少量生産が求められるようになったなかで生まれたのが、商品を部品化し、その組み合わせからバリエーションを生み出す方法です。今、世の中で普及しているカスタマイゼーションの多くは、この仕組みで成り立っています。

機械による量産ラインを用いて、一定規模以上のものづくりを行いながら、組み合わせでバリエーションを生み出すことで、顧客の多様化するニーズに対応していきます。パソコンメーカーのＤＥＬＬがオンライン販売で実施したＢＴＯ（Build to Order）方式は、代表的な事例です。パソコンは量産品の最たるものですが、顧客は自分の使用方法を思い描きながら、ＣＰＵ、ＯＳ、オフィスソフト、メモリ、ハードディスクなどを選ぶだけで、自分向けにカスタマイズされたパソコンがつくれます。

また、ナイキの「ＮＩＫＥ ＢＹ ＹＯＵ」というカスタマイズサービスでは、スニーカーの各パーツの色や形を自由に選びながら、世界に１つだけのスニーカーを１か月前後で仕上げることができます。サイズやフィット感が重視されるファッションの世界では、スーツやシャツのＢＴＯサービスも続々と登場しています。

３Ｄプリンターの活用

未来のものづくりとして話題になった３Ｄプリンターを用いたデジタルファブリケーションですが、実証実験フェーズを経ながらもさまざまな領域で活用が進められています。

コンピューターを用いて制作したデザインに基づき、材料となる資材を直接積層させたり、削り出すことで造形を行いますが、一つひとつ全く個別につくり分けできるところから、個々のパーソナルなニーズに合わせたものづくりができます。

コストや制作時間の問題から手仕事と同様に、まだ高付加価値の商材などが中心になりますが、個々の身体へのアジャストが求められる義手や義足といった介護福祉の分野などでも活用が進んでいます。

1つ興味深い事例を紹介します。デジタルファブリケーションの研究を行う慶應義塾大学の田中浩也教授の研究室が、3Dプリンターを用いてヒールのついた義足開発を行ったニュースが出たところ、「サーフボードと一体化した義足が欲しい」「義足で雪駄を履きたい」といった問い合わせが殺到したそうです。興味深いのは、これらの要望の多くは、障がいを持つ当の本人ですら最初は思ってもみなかったアイデアだということです。

新たな技術の存在によって、これまでは諦めていた欲求が満たせるかもしれないという可能性に気づけたことは、まさしく豊かさの創造と言うにふさわしい素晴らしい事例だと思います。

手仕事と量産を組み合わせたセミオーダー

もう1つ、手仕事のオーダーメイドと組み合わせた「セミオーダー」についてもご紹介します。私たちが結婚指輪のオーダーメイドにおいて、実際に取り組んでいるのがこのやり方です。

職人たちが築き上げてきた手仕事の良さと、量産システムの良さを組み合わせたものづくりのあり方として、提唱していきたい方法でもあります。

私たちのジュエリー制作を簡単に説明しますと、デザインや基本造形は一定の基準で規格化しておき、鋳造技法を用いた量産方式を応用し製造を行います。基本となるカタチができたら、磨き、装飾を入れ、宝石などの石留めを施す、という後工程を職人が手仕事で行っています。

ジュエリーのオーダーメイドに限らず、全体の生産工程のなかで、機械で行う仕事と人が手をかけて行う仕事が組み合わさったものづくりは、特段珍しいものではないのかもしれません。私たちは家具の事業も手がけていますが、家具製造の現場でも前半の工程は機械を活用し、最終工程に近づくにつれ人の感覚を活かしながら手作業で仕上げをしていきます。消費者向けの商品に限らず、工業用の部品などでも、熟練の職人が感覚に基づいて仕上げを行うといった工程が組みまれているケースは少なくありません。

またIoTの発達により、熟練の職人の感覚自体をセンシングしていく動きも出てきています。人間の感覚をデジタルに置き換えていく作業により、手仕事と機械生産のコンビネーションはより広がりを持っていくでしょう。

カスタマイズとパーソナライズの違い

オンデマンドのものづくりの技術的な可能性とは別に、意味的な面でものとものづくりをパーソナライズすることの重要性もお伝えしておきたいと思います。ものの個別化（カスタマイズ）というのは、パーソナライズを実現する手段の1つではありますが、それがパーソナライズのすべてではありません。

オーダーメイドに関わる話をすると、職人や技術者あがりの経営者の方から「カスタマイズでもなんでも、言ってくれたら大抵のことはできるよ」というリアクションをされることがあります。実はここに落とし穴があります。

カスタマイズという言葉は、つくり手目線の「物理的な状態」を表す言葉であるのに対し、パーソナライズというのは顧客目線の「心理的な状態」を表す言葉です。

ここを間違うと、せっかくの技術が宝の持ち腐れになってしまいます。再三申し上げている通り、私たちが実現すべきなのは「顧客にとっての価値」です。

いくら自在にカスタマイズができるとしても、それぞれの顧客が求める価値とつながっていなければ、パーソナライズにはならないということです。

逆に言うと、色々と悩んだ結果、カスタマイズがワンポイントだったり、元々の見本とほとんど同じものだったとしても、そこに至る過程を通じて顧客が心理的な意味を見出したならば、十分パーソナライズされているとも言えるのです。

ものづくりをパーソナライズする方法

では、ものづくりを通じて「パーソナライズする」とはどういうことでしょうか。私は、パーソナライズとは**「顧客がその商品やサービスを自分ごと化すること」**だと考えています。「自分ごと化する」と定義すると、パーソナライズは個別生産やカスタマイズという物理的な方法だけで実現するのではなく、心理的な方法や、その作用と補完しあうことが必要だという考えにたどり着きます。

心理的な方法とは何か、どういうことか、といったマーケティング的な観点からものづくりを捉えていくことで、この問いに答える切り口が見つかるのではないかと思います。

意味、文脈を与える

コンテクストや物語に関するテクニックや方法論は、これまで広告コミュニケーションの視点で語られることがほとんどでした。しかし、ブランドという概念が企業活動全体を包括するようになると、ものづくりも顧客それぞれの物語に積極的に取り込まれ、影響を与えていくように設計する必要性があります。

ものづくりの種類と意味づけする方法

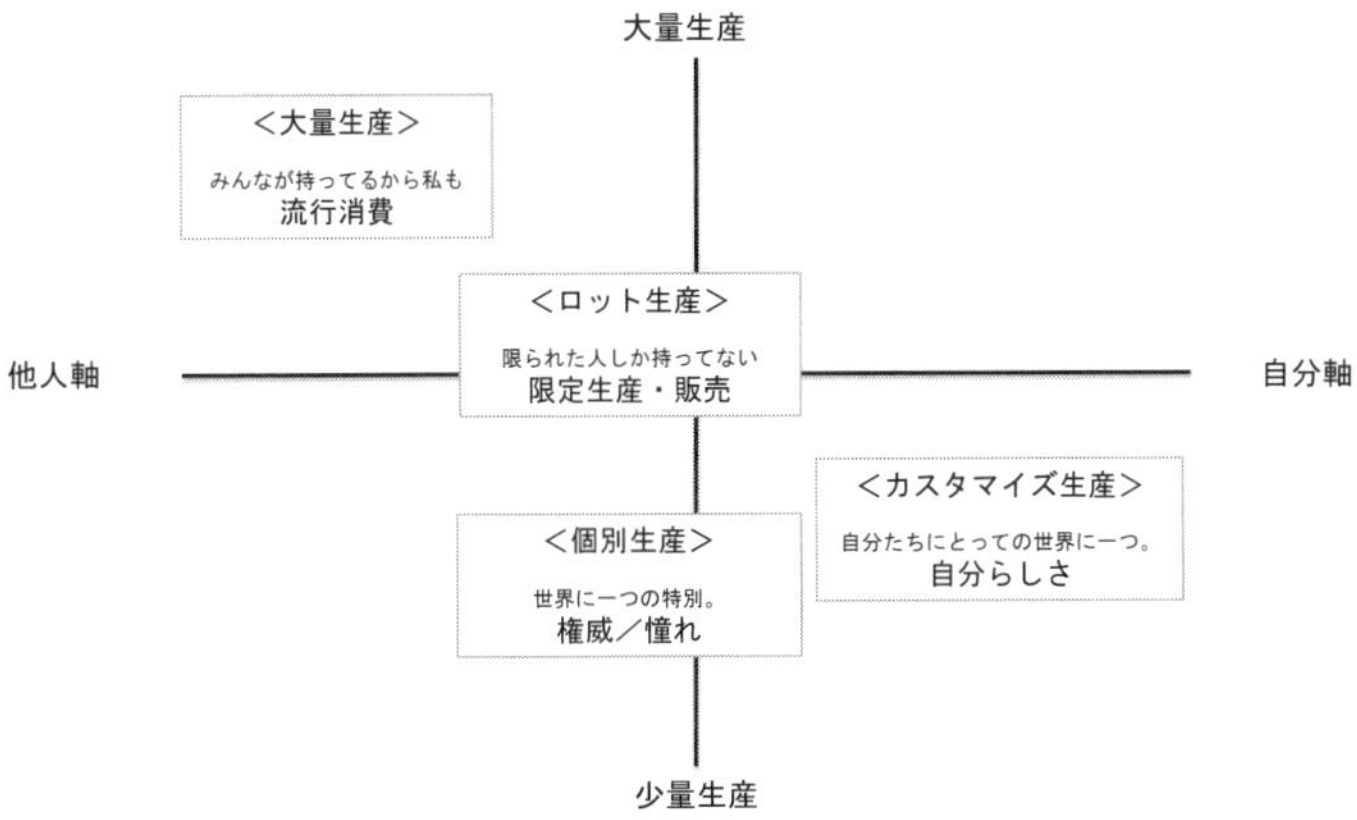

そのような点からも、ものづくりのあり方と文脈設計の関係性について改めて考察しておく必要性があるでしょう。

消費者がものやサービスを自分ごと化し、「欲しい」「必要だ」と思う状況を考えていくと、ものづくりの方法と文脈設計の方法の間にはいくつかの法則性があるように考えられます。その関係をものづくりの種類（大量生産と少量生産）と、消費者の意識（他人軸と自分軸）の二軸から整理すると、上のようにマッピングできます。

他人軸の意識とは、他者と同じでありたい、皆と同じ価値基準に則ったうえでその優劣や希少性で違いをつくろうとする意識のことを指しています。大量につくられたヒット商品や流行りものをほしい、と思う気持ちは理解しやすいと思いますが、限られた数しか生産されない限定商品やサービスから生まれるプレミアム消費や、権威や特権性に基づくオンリーワンのオーダー商品も、実は他者（社会）の目線を基準とするという意味で他人軸の意識の現れであるという見立てができます。

反対に自分軸の意識とは、他者の価値基準よりも自分（自分たち）のそれを大事にするような意識と価値観です。もの自体が絶対的な基準として特別な違いを持つことよりも、自分たち目線での納得感、特別感を大切にするような考え方です。

この考え方に当てはめると、自分たちの商品やサービスがどのような方向性でストーリーを構築すべきか、指針を見つけやすくなります。

たとえばｉｔｈ（イズ）では、カスタマイズ型オーダーメイドでものづくりをしていますが、「ふたりだけの指輪」というあくまで個人的、主観的な価値を中心メッセージとしています。同じオーダーメイドでもフルオーダーにこだわるのであれば、「最高品質の〇〇」や「極上の憧れを〇〇」というようなコピーの方が、文脈形成においてフィット感が高くなるでしょう。

もちろん企業や商品、ブランドそれぞれの個性が存在するため、そう単純ではない部分もあります。けれども、皆と同じでありたい、何かを共有したいという意識も、個人の価値観や他者との違いを大事にしたいという意識も、どちらも人間の意識の本質として備わったものです。どちらの意識も、ものごとを自分ごと化するきっかけを含んでいるように思います。

これらのバランスを考えながら、広告コミュニケーションからものづくり、アフターケアといった企業活動全体を組み立てていく発想と実行が重要となります。

体験を提供する

自分ごと化を促すもう1つのキーワードが「顧客体験」です。体験という個人に紐づく行為とその反応を通じて、ものごとと自分とのつながりを見つけ出すことができるかどうかが、消費や購入に至る分かれ道になります。

体験の種類には主に以下のようなものがあります。

知識を得る：知る、学ぶ、想像する

経験をする：参加する、つくる、買う、使う、育てる、手入れする

ほかにも、ライフイベント（冠婚葬祭、誕生日、記念日、ギフトなど）などのタイミングを捉えることも独自性の高い体験を生み出す機会となります。

文脈形成の方法と同様に、体験を提供する方法は商品の生産方式の違いなどによって異なりますが、体験の質と量が大きくなればなるほど、その商品やブランドに対するロイヤルティは高くなっていきます。こういった観点からものづくりを見つめ直してみることで、パーソナライズを実現する手がかりが得られることもあります。

2000年代頃に一度取り沙汰されたエクスペリエンスエコノミー（経験経済）という概念が、SNSを活用したオンラインサロンやメディアコマースなどと連動しバージョンアップされて再注目されていますが、豊かな体験を届けるものづくりにおいても、改めて研究し理解を深めていく価値があるように思います。

手仕事の復権と生産管理技術の融合

1990年代以降、日本のものづくりは、大量生産に基づく価格競争の面で、中国や韓国、アジアなどの後発工業国の前に勝負できなくなりました。また、それとは逆の高付加価値化においても、欧米企業の後塵を拝する状況が続いています。

しかし、環境問題やコロナ禍などを契機に地球規模で時代の風向きが変わるなかで、日本のものづくりが再び世界で評価される機運が生まれつつあるのではないかと感じています。

そのときの切り口こそが、手仕事に象徴される人の感性や感覚に基づいたものづくりと、工業生産による安定的でクオリティの揃ったものづくりの融合なのではないかと考えています。冒頭で述べたように、明治には前者が、そして昭和の時代には後者が世界を席巻し評価されてきたにもかかわらず、現在は当の私たち自身が両者を水と油のように別のものとして扱ってしまっています。

発達するテクノロジーとビジネス技術によって、この2つのものづくりの強みや利点を組み合わせて活かすことで、これからの時代に求められるブランドとしてのものづくりを体現する道筋が生まれるはずです。

④マネジメント——社内外隔てなく価値を共有できる土壌づくり

豊かさを生み出すブランドづくりの最後のMが「マネジメント」です。マーケティングからストーリーを導き、ヴィジョンや戦略を定め、そのストーリーに基づいて顧客接点とものづくりの仕組みを張り巡らせたうえで、最後にそれを実行するのは経営者から管理職、スタッフに至るまですべて「人」です。

スタッフも顧客も同じストーリーを共有する

本章のマーケティングのお話では、パトス（情熱）とロゴス（論理）のアプローチに触れましたが、それらに加えてもう1つ、エトス（倫理感）という概念があります。豊かさを生み出すブランドマネジメントを考えるときに、このエトス（倫理観）の概念が大切になってきます。倫理観というのはなかなか難しい概念ですが、自分たちが専門家ゆえに持つ能力や組織であることで持つ力を何のために使うのか、という方向性を決めるものです。

なんらかの形で働く人であっても、職場を離れれば1人の消費者になります。企業が顧客に対して発するメッセージが、企業の内側にいる人から見ても信頼に足るものであり、世の中の役に立っているという感覚を持つことができれば、自信を持って仕事に取り組むことができます。

ここでもまず、自分たちのストーリーに基づいてヴィジョンや行動指針を設定することが大事ですが、それを社内外に問わず共有できれば、ブランドとしての力が強くなります。

手前味噌ではありますが、ｉｔｈ（イズ）の中には元々お客様として結婚指輪をつくり、そこからブランドに惹かれて入社を志し、実際に働いているスタッフが何人かいます。自分が体験した価値を、他の人へ提供する側として世の中にも伝えたいと思ってくれるスタッフが存在することは、私たちが発するストーリーとメッセージが分け隔てなく受け入れてもらえていることの表れではないかと思います。

文化を根付かせる仕組み

企業における文化は自ずと育っていくものではありません。スタッフの一人ひとりが具体的な行動を通じて、ブランドのストーリーに則った価値を体現できるようになるためには、さまざまな制度や仕組みづくりも重要です。

ユニークな企業文化づくりで有名な事例として、アメリカのザッポスという企業があります。ザッポスでは、靴をはじめとした衣類やアクセサリーなどのアパレル製品をオンラインで販売していますが、アマゾンのジェフ・ベゾス自らのラブコールで800億円もの金額で買収されたことで話題になりました。

ザッポスの企業理念は「to live and deliver WOW（WOWを生で提供する）」で、顧客を驚かせるようなサービスを提供することで、顧客にただの物販だけではない感動を提供することを目指しています。

その企業理念を根付かせるための施策もユニークです。一般的なコールセンターでは、1日の対応人数を管理指標にするのに対し、ザッポスのコンタクトセンターでは対応した顧客の満足度を指標としています。

顧客の満足度を最優先に活動するなかで、コンタクトセンターの最長通話時間が7時間半という記録があったり、深夜にデリバリー注文の電話がかかってきた際には、注文できる店舗の連絡先を調べて教えたりというように、普通では考えらないような顧客対応が生まれています。なかには、在庫がない商品の問い合わせを受けた際には、別の靴屋に出向き、購入して顧客の滞在先まで届けるといったエピソードもあるそうです。

もちろん、年中このような特別な対応ばかりではないでしょうが、時として話題にのぼるような伝説が社内で生まれることで、顧客を驚かせる満足を追求するという企業理念が社内外で共有されていくのです。

06 すべてがつながった「4M」を目指そう

ブランドづくりを実践するためのフレームワークとして、マーケティング、メディア（顧客

4つのMがつながることで価値が生まれる

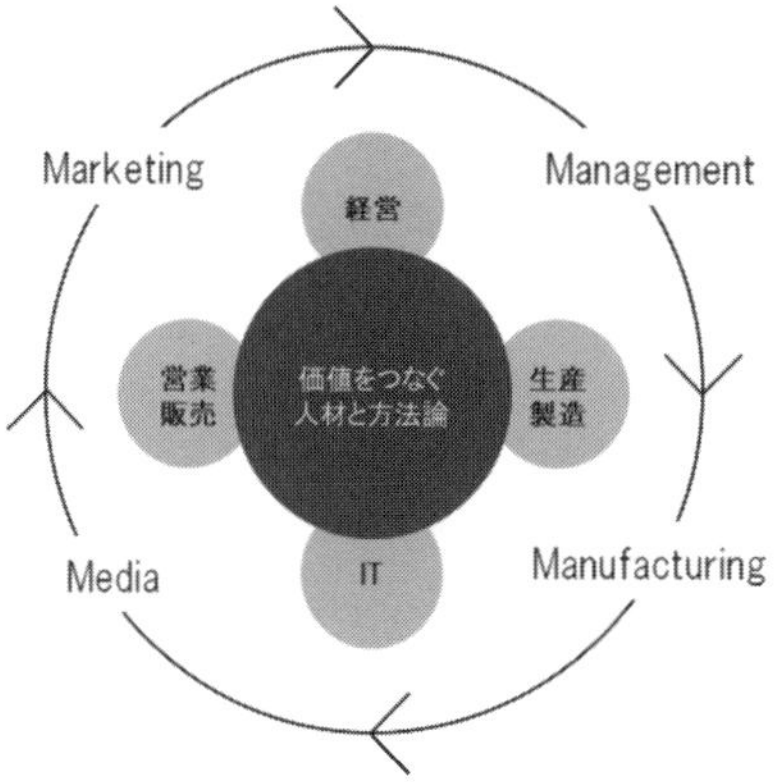

接点）、マニュファクチュアリング（ものづくり）、マネジメントの「4M」について述べてきました。

それぞれのなかでも述べましたが、一つひとつのテーマは本1冊でも足りないくらい奥深いものがありますが、そのなかでも経営的な視点から、ブランドの理解と実践のために特にお伝えしておきたい部分に絞りご紹介しました。

繰り返しになりますが、企業活動全体にまたがるブランド概念を実践するためには、**4つのMに基づく取り組みが、すべて1つのストーリーとして一貫性を持ってつながっていること**が重要です。専門性の異なる領域をまたいで、それぞれの価値がつなぎ合わさることで初めてブランドとして認知され、価値が生まれ始める

第４章まとめ

- □ すべての企業にブランディングが必要な時代に。
- □ ものづくり企業こそ世界観の発信を。
- □ ブランドの民主化によって小さな会社にこそチャンスが。
- □ ストーリーがブランドづくりの軸。
- □ まずはマーケティングからストーリーを導き出す。
- □ ストーリーにそって顧客視点からすべての顧客接点を結び直す。
- □ 顧客のストーリーをつくるパーソナライズされたものづくりが鍵に。
- □ 社員がストーリーを理解し、自ら語れる文化づくりを。
- □ ４つのＭが一貫性をもって「つながる」ことこそが最重要。

のです。

まだ数名～数十名のスモールビジネスとしてブランドづくりに取り組んでいる人は、あらゆることを限られたリソースでやらなければなりません。より大規模な組織では、それぞれが専門性を持ちつつも、気を抜くと部門最適な活動へと陥りがちになる組織に、一貫性をもたらす役割を担う存在や仕組みが必要になるはずです。

自社でやるか、外部の力を借りるかはそれぞれですが、本書を手に取った人は４Ｍフレームワークを手がかりに「つなぐ」意識を持って、ブランドづくりにチャレンジしてみてください。

第5章

顧客と共創するストーリー

01 ｉｔｈが生まれるまで

前章では豊かさを生み出すブランドを考える手がかりとして、４Ｍ（マーケティング、メディア、マニュファクチュアリング、マネジメント）というフレームワークを紹介しました。それぞれの項目ごとに活動内容を検証していくことは重要ですが、実際の事業ではそれぞれが独立して存在しているのではなく、一貫性のあるストーリーとしてつながっていることが重要です。

ストーリーには、ある一時点において全体がつながっているという意味合いもありますし、時間軸のなかでそれぞれの活動や出来事が結びつき、今の状態があるという意味合いもあります。

その企業固有の歴史や経緯、メンバーの個性などから生じる必然的、偶然的な出来事を通じて、試行錯誤を繰り返すなかでつながりが生まれ、事業全体が成長していきます。一橋ビジネススクールの楠木建教授が『ストーリーとしての競争戦略　優れた戦略の条件』で述べているように、本当に優れた戦略は「風が吹けば桶屋が儲かる」のように時間軸を含んだ出来事のつながりの中から生まれるものなのです。

創業期の吉祥寺のアトリエ

ここからは事業の開始から現在に至るまでの時間軸を踏まえ、私たちがどのようなきっかけや出来事からブランドのストーリーづくりを実践してきたのかを紹介します。

創業期

ｉｔｈ（イズ）は、２０１４年に事業として開始しました。もともとは職人作家として独立して活動していた高橋亜結（現ブランド代表）と、アーツアンドクラフツ株式会社の共同事業としてスタートしたのが、ｉｔｈ（イズ）の始まりです。

創業から約7年間で店舗数は11（私たちはアトリエと呼んでいますが、この理由も後ほどご説明します）、オンラインで接客を行うオンラインアトリエを含めると12まで増えました。年商は10億円を超え、スタートからおおよそ年120％で成長を続けています。
昨今のスタートアップ企業としては、特別に歩みが速いわけではありません。ですが、オーセンティックなジュエリー業界のなかで、比較的拡大が難しいとされるオーダーメイドビジネスを軸に据え、持続的な成長を重ねてきたところに私たちなりの存在意義があるのではないかと考えています。

創業当時は顧客基盤もなければ、事業資金も潤沢にはないため、アーツアンドクラフツが拠点を構える吉祥寺のビルの一室にあった高橋のアトリエを改装して、接客もものづくりも一緒くたにオーダーメイドのジュエリーづくりを始めました。
これまでも触れましたが、自分たちにできること、世の中の動き、競合企業の動向などを考えたうえで導き出したコンセプトが、「友達の作家のアトリエを気軽に訪ねて、リラックスして好きなだけジュエリーや宝石に触れながら、自分が本当につくりたいジュエリーをオーダーメイドで実現するアトリエ型ショップ」というものでした。ｉｔｈ（イズ）というブランド名は、in the house（お家で）に由来しています。

4章では「3C分析のフレーム」を使って……とかっこよく書いていますが、in the house

というコンセプトにたどり着いた最大の理由は、高橋亜結の職人らしい飾り気のないパーソナリティによるところが大きかったように思います。

ジュエリー業界には、外の人間から見ると少しおっかないところがあります。素人がうかつに足を踏み入れると、騙されて値打ちのないものを売りつけられそう。ものはよかったとしても、度を超えた金額で無理やり買わされてしまいそう。そんな風に、心のどこかで不安を感じる人も少なくないでしょう。だからこそ、信頼を担保するという意味でブランドというものが大変重要な産業でもあるわけです。

ジュエリーの世界で信頼を築くためには、銀座などのブランド街や駅前の一等地に立派なお店を構え、スタッフもフォーマルに、というのが基本原則です。ただその分、お客様も身構えてしまうものです。入店するだけで緊張する人も少なくないでしょう。なかには気後れして、お店のスタッフが薦めるままに指輪を選んでしまうような人もいるかもしれません。

元々ジュエリー業界の外にいた私たちには、一生に一度の買いものになる結婚指輪なのに、そんな選び方で本当に良いのかな、という疑問もありました。

そんなジュエリー業界にあって、高橋の営業色を感じさせない、むしろ素っ気なさすぎるほどのキャラクターは、お客様の目線で考えたときに、大事な信頼を担保する大きな強みになるのではないかと感じました。

ジュエリーブランドの多くが豪華な店舗を構え、歴史を語り、セレブリティを宣伝塔にして信頼を構築するのに対し、私たちは素のままに、できるだけ表裏なく接して関係性をつくることで、信頼を構築しようとしたわけです。

「お客様にリングを売る」のではなく「お客様と一緒につくる」という考え方は、ｉｔｈ（イズ）の基本的な事業姿勢になっていますが、元をたどれば高橋が接客が苦手だったということに起因しているのです。

商売である以上、お客様に買ってもらわないと始まりませんが、営業的なアプローチが苦手な高橋は、最初どのように接客していけばよいかを迷いながら仕事をしていました。

色々と相談するなかで、「売ろうとするから躊躇してしまう」「売るということは一旦頭から外して、職人として磨いてきた技術や知識で、お客さんが本当に欲しい指輪づくりをお手伝いしよう」というところにたどり着きました。

結婚指輪や婚約指輪という商品は、基本的にお客様が必要とするから買いに来るものです。それならば、お客様が「本当にほしい」と思えるデザインやカタチの指輪を見つけ出すことができれば、あとは予算が合うかどうかだけの問題です。

そう考えることで「売る買う」という行為を「共同で創作する」という行為に定義し直すこと

ができたわけです。

小売における接客では、「まずお客様の予算を確認する」ことが一般的です。しかし、ｉｔｈ（イズ）では、一番欲しいカタチを一緒に見つけ出すことが最初で、見積もりは最後という順番で教育しています。

私たちが店舗ではなく「アトリエ」、接客する人は販売員ではなく「つくり手」と呼んでいるのも、「売るのでなく一緒につくる」という発想が根本にあるからです。商売に売り買いが必要なことは重々承知ですが、売り込んだり、売り込まれたりするのが苦手という人は案外多いはずです。発想を転換してなんとか課題を乗り越えようとしたことが、今でも私たちならではの独自の企業文化の礎となっているのです。

4章でもストーリーの源として「なぜ」が重要だとお話しをしましたが、こういった由来や理由が、自分たちにもお客様にも納得感を生み出していきます。世界観というと、商品や店舗などのビジュアルやコピーに目を取られがちですが、実はこういった**リアルなエピソードの積み重ねがブランドの世界観を濃くしていく**のです。

ネットマーケティングを軸にした店舗展開

このような試行錯誤を繰り返しながら、苦しい時期を乗り越えて成長軌道に乗れた大きな理由には、ネットマーケティングの活用があります。

ｉｔｈ（イズ）の第一号店は、吉祥寺の中道通りという商店街から一本入った路地の途中にあります。決して人通りの多い場所ではないため、通りがかりで足を運んでくれることは滅多に起こりません。ネットが普及する前なら、こんな場所で商売を始めるのはまさに常識外の選択だったでしょう。

それまで一からジュエリーショップを始めるには、銀行から資金を借りて、それなりの場所にお店をつくったり、百貨店のなかに売り場を設けたりしなければなりませんでした。広告に関しても、一部の結婚情報誌が市場をほぼ独占し、小規模事業者にはとても払えないような金額だったため、知ってもらいたい人たちに宣伝を打つこともままなりませんでした。

ブライダルジュエリーショップを開業するというのは、それだけのお金のかかる参入障壁の高いビジネスだったのです。

その状況を変えたのが、ネットビジネスとネット広告の普及でした。特にスマートフォンが普及して以降、モバイルでの検索広告やSNSアプリなどを活用することで、より低コストで見込み顧客へのアプローチが可能になったのです。

ネット広告を使えば、辺鄙《へんぴ》な場所であっても見込み顧客にリーチできるというアイデアのヒントになったのは、当時一斉を風靡していたライザップでした。

それまで好立地エリアに大規模テナントを構え、大規模な設備投資をしていたフィットネスジムのビジネスに対し、ライザップはネット広告の手法と考え方を持ち込むことで、人目につかないような小規模なマンションの一室でも集客できるという、新しいビジネスモデルを築き上げていました。ジュエリーの世界でも同じ考え方が当てはまるはずという仮説が、私たちにとっても大きなヒントになったのです。

私たちがとにかく最初に意識したのは、**地域一番店になること**でした。ランチェスター戦略という、軍事戦略をベースにしたエリアマーケティングの考え方をご存じでしょうか。簡単にいうと、自分たちの商圏地域のなかで一定の顧客シェアを獲得して地域一番店となり、継続的な繁盛を生み出すというものです。

吉祥寺はこぢんまりとはしていますが、それなりに人が集まる街です。すでに結婚指輪を売るお店や、同じようなオーダーメイドスタイルのお店も何店舗か存在していました。歴史も実績もない私たちが、そう容易《たやす》く地域一番店になれるはずないじゃないかという常識を変えたのも、インターネットでした。

もはや当たり前の購買行動ですが、吉祥寺という街で結婚指輪を探すとき、グーグルやヤフーといった検索エンジンで「吉祥寺　結婚指輪」と検索するでしょう。そのときに一番上に表示されるようになれば、少なくともオンライン上では地域一番店になることができます。

そこからの動線をきちんとつくることができれば、たとえ現実空間では人目につきにくい場所であっても見込み顧客が足を運んでくれるわけです。

吉祥寺に始まり、表参道、横浜元町とその後も新しい地域に出店を進めましたが、やるべきことは変わらず、とにかく「地域名＋結婚指輪」で上位表示を獲得することです。

拠点が増えるにつれ、やり方も変わりますし、ネットの世界のトレンドやルールも少しずつ変化していきますが、大切なのはネットの世界での認知を前提に、どのように事業を組み立てるかということです。

02 世界観を凝集させたアトリエ

いくら低コストで集客ができたとしても、実際に足を運んでみてガッカリするような店なら、継続的にお客様からの評価を得ていくことは難しいでしょう。ネットの世界では良い評判だけでなく、悪い評判もすぐに拡散してしまうからです。集客もさることながら、私たちはお客様にどう満足してもらえるかという**顧客体験の充実**に、徹底して力を注ぎました。

オーダーメイドで指輪をつくることには楽しさもある反面、知識や経験の浅い人からすると、少しハードルが高く感じられる部分もあります。そんな敷居の高さを下げる意味でも、友人の作家のプライベートなアトリエを訪れるように、リラックスして思う存分指輪選びを楽しんでもらうという体験は、私たちが何よりも大事にしている独自の価値です。

そんな私たちにとって、アトリエという空間はｉｔｈ（イズ）の体験を生み出す中心舞台です。プライベートな雰囲気を生み出すよう区切られた半個室に、お花や絵を飾りつけすることで、ものづくりのワクワク感や可愛らしさを演出しています。

ほぼＤＩＹでつくり上げた吉祥寺アトリエに始まり、新しいアトリエをつくる際にはスタッフ自らが壁を塗ったり、装飾の積み木を積み上げたりといった作業をしながら、それぞれの立地やテナントに応じた個性ある店づくりを心がけています。

お客様をおもてなしして、自分たちが働く場所を自分たちでつくるということは、「つくる」ということ自体を愛する気持ちにもつながります。またオーダーメイド指輪と同じように、アトリエにもそれぞれの個性があるということは、私たちが大事にする多様性という価値観にもつながっています。

試着を通じた体験価値

またｉｔｈ（イズ）のアトリエには、通常の店舗のようなショーケースがありません。これもジュエリー業界のセオリーから外れた特殊なやり方です。

見本となる約１００本の指輪はリングボックスという蓋のない箱に収められ、お客様は好きなように手にとることができます。お客様は遠慮せずに試着を繰り返し、指輪に対する知識を高めながら自分の好みを見極めていきます。この試着のプロセスは、つくり手とお客様とが互いを理解し合うために大事な意味合いを持っています。

つくり手の目線からすれば、自分たちが何を大切にし、どういう考え方で指輪づくりをしているのか、一つひとつの指輪にどのような特徴やこだわりがあるのかを伝え、理解してもらう。

アトリエをDIYした際の様子

お客様の目線からすれば、指輪を選ぶためにどういう基準が大事なのか、そのなかで自分たちは何を重視するのか、そもそも自分自身に似合う指輪ってどんなものなのかなどを理解していく。このようにお互いに意思を通わせながら、つくり手とお客様の双方で理想となる指輪を探し出していきます。

試着というプロセスを通じて、お互いに学び合いながらそのお客様にとって最良のものを目指すという体験価値も生まれます。これは商品選択における「エデュケーション（教育）」という見方もできます。

ものづくりをしている人の中には、「こだわって商品をつくっているけど、お客さんは結局安いものに流れちゃうんだよ」と嘆く人も少なくないと思います。一般論として、低価格であればそれだけ売れやすくなるのも事実ですが、その商品が大切にすべきことは何か、自分はどうこだわっているのかをきちんと理解してもらう努力が足りていない場合も多いのではないでしょうか。

「エデュケーション（教育）」というと上から目線のようにも感じますが、つくり手側がリードしながら、お客様と一緒に商品選びの価値基準自体をつくり上げていくことで、価格の安さやぱっと見の良さといった要素から、一歩踏み込んだより深いところで商品選びのポイントができるようにお客様を導いていく大切な役割を担っているのです。

試着には合理的な価値形成だけでなく、つくり手側が親身になってお客様に寄り添うことで、お互いの間に情緒的な結びつきが生まれる効果もあります。ときには情緒的な結びつきこそがお客様が商品を選ぶ最終的な決め手となることも少なくありません。

お客様が理想とする指輪にたどり着くことはもちろんですが、その過程を通じて「つくり手の○○さんが忍耐強く親身に寄り添ってくれた」ということに対する信頼や感謝の気持ちが、一生に一度の指輪づくりを任せるという大事な意思決定の大きな要因になっているのです。

ｉｔｈ（イズ）のつくり手たちは、平均して年に１５０組から２００組に近いお客様の指輪づくりに携わりますが、出来上がった指輪のデザインを見れば、その指輪の持ち主の顔が浮かぶといいます。それぐらい集中し、一組一組のお客様の指輪づくりに寄り添うことも、「たくさんよりもひとつをたいせつに」を原点とするストーリーがあるからこそ、皆が違和感なく実現できるのだと思っています。

ブログを軸とした情報発信

私たちが創業からずっと力を入れているのが、ブログによる情報発信です。

元々は代表の高橋のよもやま話からスタートしていますが、今ではアトリエのつくり手全員が担当したお客様とのやりとりやエピソードを、記事と写真で綴っています。

最近でこそ、店頭のスタッフがＳＮＳなどで情報発信に取り組む会社も増えてきていますが、ジュエリー業界では全員が情報発信に取り組むのは今でも珍しいように思います。


このブログを見て「私たちもこんな風にブログに取り上げてもらいたい」というお客様もいる人気コンテンツになっていますが、いくつか書き方の基本ルールはあれど、内容自体はつくり手に委ねています。

文章や写真の得手不得手もあり、当初はモチベーションにもばらつきがありましたが、社内研修なども行いながら継続するうちに、自分が書いた記事にお客様が感動したり、共感して来店してくれるような体験が増えていきました。つくり手の間にも手応えが生まれ、より能動的になることで、記事の内容もだんだんと良くなっていきました。

WebやSNSの情報発信では、コツコツと続けることが大事であると同時に、一番のハードルになりがちです。またSNSやメディアによって受け入れられやすい訴求内容も異なりますから、カスタマイズしてコンテンツをつくりわけていく作業も必要になります。そんななかでも無理せず継続できる仕組みをいかにつくるかがポイントです。その仕組みの源が、私たちにとってはつくり手のブログというわけです。

03 アイデンティティの危機

ブランドづくりで大切なのは、自分たちのアイデンティティをスタッフそれぞれがしっかりと理解し、信じて行動することです。

けれども、言うのは簡単でも、実行するのはとても難しいものです。私たちも時に失敗しながら、アイデンティティを確認し合い、それを行動に反映させていく大切さを学びました。

ｉｔｈ（イズ）では、「たくさんよりもひとつをたいせつに」という言葉を社内外に対するメッセージとして掲げています。この言葉には、お客様に真摯に向き合い、丁寧に一つひとつの指輪づくりに励むことが私たちの存在意義であり、そんなものづくりのあり方や、人との関わりを世の中に届けたいという意味が込められています。

社内外を問わず、ｉｔｈ（イズ）に関わる多くの人がこの言葉に共感してくれますが、お客様から支持を受けて注文が増えるほど、一つひとつの指輪づくりに丁寧に向き合うことと、積み上がる注文に対応することの間のトレードオフを迫られます。ものづくりに関わる人の多くが経験する、量と質の間のジレンマです。

私たちは適度に負荷のかかった目標に励むことが、ものづくりの常識を破り、クオリティを高めると考え、お客様からの期待に応えられるようにアトリエを増やしてきました。

誤解のないように申し上げると、お客様の量が増えたからといって、質を落としてものづくりをしているわけではありません。職人が1人の手でやっていた素朴なものづくりから、より高度な設備や技術を備えた工房や、より専門的な技術を持つ職人たちで分業体制をとり、オーダーメイドのために独自開発したＩＴシステムを用いて、継続的な品質向上に努めています。

しかし、スタッフが増え、拠点が増え、お客様が増えるなかで、それぞれのコミュニケーション、意思疎通が徐々に難しくなっていきました。

どこまでが自分たちの目指すものづくりを守れる適正量か、どこからが限界を超えるのか。

それは人ぞれぞれの理解や解釈でも少しずつ異なってきます。また、スタッフそれぞれの技術や知識の差や、思いに対する理解の違いというものも生まれてきます。

オーダーメイドという、ある意味で正解のない商品をつくるために最も大事なことは、お客様からつくり手までのイメージの共有、意思疎通がきちんとできていることですが、人が増えれば増えるほど、それが難しくなっていくのです。

イメージがズレたらやり直しが増え、工数がかさみます。余計な工数が増えれば、ものづくりの現場は逼迫しはじめます。残業が増え、時には徹夜作業などが発生することもありました。かたやお客様の矢面に立つアトリエのつくり手たちは、ギリギリまで上がってこない指輪に神経をすり減らし、自分たちのものづくりに対し不安や不信の念を抱くような状況も生まれつつありました。

少しのズレが無駄を生み、その無駄が不安を生み、さらにお互いへの不信を生む。こんな悪循環が少しずつ積み重なるうちに、自分たちがやっていること、自分たちが届けている価値に自信が持てないという雰囲気すらも生じていました。また、銀座などのブランド集積エリアでは、当然他社と比較されます。「ここと他のブランドの違いはなんですか？」と聞かれ、自信を持って答えることができなければ、成約率や売上という事業数値にも影響が出てきます。

このように、ブランドへの信頼が少しずつ損なわれ、会社を血肉として支える収益にも悪影響を及ぼす事態が起こりはじめていたのです。

ストーリーを見つめ直す

この危機的状況を乗り切るために、私たちは2つのことに取り組みました。1つは、自分たちの信じる物語を、もう一度皆で共有し直すことです。

社長の宮崎と代表の高橋が陣頭指揮をとり、ブランドとしての自分たちの原点から、大事にしている価値観、それを具体的につくり出す行動や役割などを、ブランドブックとしてドキュメントにまとめ、それを用いて現場と対話を繰り返しながら、改めて共通の認識や課題感を確認する作業を行っていきました。このブランドブックには抽象的な概念や信条だけでなく、それを踏まえたお客様との向き合い方、接客の流れなどの具体的な行動指針までが落とし込まれています。

考え方や思いという、ゆらぎのある部分を共有するには、行動という具体的な部分をセットにして言語化し、定義することが大事です。職人の技術伝承と同様に、思いも「見える化」することではじめて、分かち合うことができるのです。

このブランドブックは、現在でも四半期ごとに改訂を加えながら、スタッフ全員がｉｔｈ（イズ）という物語の成り立ちや思いを都度確認していくためのバイブルになっています。

自分たちのストーリーを再確認するなかで、お客様に寄り添うという思いが、できるだけ多くのお客様に迎合しようとする気持ちに微妙にすり替わることで、発するメッセージやヴィジュアルといった広告面でも自分たちらしくないものになっていると気づき、大幅な改修を行いました。

お客様視点と自分たちらしさのバランスは、極めて微妙な関係にあります。ビジュアル自体の内容にもよりますし、情報を伝えるタイミングによっても変わっていきます。4章の事例でも述べたように、試行錯誤を繰り返しながら、情報の伝え方、出し方については継続的に最適化を図っています。

危機を乗り越えるためのもう1つの取り組みが、ものづくりを再構築し直すことでした。

私も含めアーツアンドクラフツの役員陣は、ジュエリー業界から出発した人間ではありません。ｉｔｈ（イズ）のオーダーメイドの仕組みは、そんな私達がお客様目線に立ち、実際に手を動かすジュエリー職人と一緒に、「こうだったらいいな」というある種の素人発想で組み上げられたものです。

そのため、業界の常識やしがらみに捉われることなく、顧客目線でサービスがつくられているというメリットがある一方で、安定的にオーダーメイド商品をつくり続ける生産管理に関するプロ的な知識や能力が欠如していました。

たまたま良い出会いがあり、生産管理のプロを仲間にできたことから、生産管理の組織と仕組みを一から見直していきました。無理や無駄を省く、自分たちで自分たちの首を絞めるような過剰なこだわりを見直すなど、それまで欠けていた全体最適の視点により、職人の手仕事の良さを殺さず、仕組みとしてのものづくりを一歩前に進めることができました。

ブランドが継続的な価値を生み出すために必要なものを、本当の意味で理解ができたのは、これらの経験を通してかもしれません。

自分たちが信じるべきもの。そこにかける情熱。情熱を支えるためのロジックや合理的判断。行動を具現化していくための仕組み。そして、それを一つひとつ実行していくこと。これらがきちんと揃い、つながることで、1つのブランドとしての大きな価値づくりができるのです。

コロナ禍で生まれた新たなコミュニケーション

そんな折に、未だ全人類規模での戦いが続く新型コロナウイルスが発生しました。1回目の

オンライン接客の様子

緊急事態宣言が出た２０２０年４月には、店舗をすべて閉めざるを得ず、事業経営の立場としても頭が真っ白になるような経験をしました。

そんな状況に直面したときに率直に思ったことが、「自分たちのストーリーや行動規範を整理し、みんなで共有できていて本当に良かった」ということです。

このコロナ禍を機にデジタル化をさらに進め、ビデオ通話を活用したオンライン接客サービスを開始したり、オンラインのカウンセリングができるマイページなどを開始しました。

オンライン接客サービスは、コロナ禍のなかで来店が難しい状況をなんとか打開すべく、１か月にも満たない短時間で立ち上げを行いました。今では距離的にお越しいただくことができなかった遠方や海外在住のお客様とのつながりを生み出しています。

またオンラインカウンセリングは、できるだけ来店時の滞留時間を減らすためにそれまで店頭で実施していた初期ヒアリングを代替することから始めましたが、来店前にお客様からさまざまな情報をいただくことで、提案のイメージを事前にシミュレーションしたり、お客様が興味を持ちそうなアレンジ事例を集めたりなど、つくり手がお客様の立場からより良い提案を行うための重要なツールになっています。これらの取り組みもあいまって、成約率はこの1年で10％近くもアップしました。


これらの取り組みはただデジタルの力が活きたわけではありません。コロナ禍の以前から、スタッフ全員の規範となる考え方と行動指針が定まり、顧客体験の視点から具体的なフローや要点が整理されていたからこそ実現できたのです。デジタルを導入する際も自分たちが何をすべきか、具体的にどう行動すべきか、大きな混乱もなくスムーズに実行に移すことができたのは、ストーリーに基づく「見える化」があったからこそなのです。

さらに、リアルなアトリエがあるからこそ、そこでつくられるオンラインコンテンツもより濃密なものになります。オンラインを通じてやりとりされる情報は、アトリエでの体験をさらに高めていきます。

お客様にとってはオンもオフも関係なく、ｉｔｈ（イズ）との付き合いを通じて良い体験をできるかが大切です。「顧客体験を満たす」という基本概念とその概念に基づく私たちのストーリーがあるからこそ、新しい試みでもスタッフたちはスムーズに受け入れ、新しい価値づくりに貢献できたのだと思います。

04 オーダーメイドが生み出す共創の価値

ｉｔｈ（イズ）の取り組みが、世の中にどのような豊かさを届けられるのか。そのことを考えるために、改めてオーダーメイドの意味や価値に着目していきます。

オーダーメイドという方法は、オンリーワンの商品をつくり出すと同時に、オンリーワンの体験価値も提供できます。

つくるというプロセスのなかにお客様が関与することで、できあがる指輪にお客様側のストーリーを投影していくこともできます。

もしかすると他のお客様と似たデザインになるかもしれません。あれこれ悩んだ挙句に、もともとのデザインそのままに落ち着くお客様もいます。

結婚指輪というアイテムは、毎日同じものを着けるものです。ある意味ではパンツや靴下の上を行く、究極的な日用品です。そのため、奇抜さや派手さよりも、長く使い続けられるベーシックなデザインや着け心地を重視されるお客様も少なくありません。

しかし、たとえ似たようなデザインに落ち着いたとしても、アトリエを訪ねて、あれこれと夫婦で頭を悩ませ、そこにｉｔｈ（イズ）のつくり手が加わることで生み出される体験は、そこでしか得られないものになります。

そんな得がたい体験を伴った指輪は、夫婦にとって、まさしくオンリーワンにパーソナライズされたアイテムとして価値が宿ります。一つひとつの違いに対応していくということは、多様性に対する価値づくりであるとも言えるかもしれません。

指輪づくりを通じて生まれるこれらの価値は、プロである私たちだけでも、またお客様だけでも成立しません。それぞれが一緒になってつくるからこそ生まれる、文字通り「共創」の価値なのです。

受注生産という方法は、不要な在庫を生み出さない、無駄を排したサステイナブルなものづくりにも役立つと考えています。ジュエリーの場合、貴金属は溶かして再利用することができるため、廃棄ロスのような問題は起きにくいのですが、それでも量産を前提としている会社では、とにかく在庫をさばくことに全神経を尖らせ、心血を注いでつくった商品が、結局誰の手にも渡らないという状況を抱えることも少なくありません。そこには顧客視点も、社会への視点もありません。

歴史の流れを俯瞰するとわかるように、従来の流通システムのなかで遠くなっていった顧客と生産者の関係性が、インターネットに代表されるデジタル技術の登場により、再び密接に近づこうとしています。

私たちのものづくりは、「お客様と職人とで一緒につくる」という古き良き理想の指輪づくりの関係性を、デジタルとブランディングの技術をかけ合わせることで、従来の限界を超え、より多くの人へと届けようとする試みでもあります。

デジタルとブランディングで実現する「一緒につくるものづくり」

コロナ禍を通じて事業のあり方を見直すなかで、「一緒につくるものづくり」というコンセプトは、曖昧なスローガンから、より具体的なイメージを持つものへと近づいてきました。

ものづくりで生み出す社会価値

お客様の指輪づくりには多くの職人やスタッフが関わっています。離れた環境のなかで仕事をしているスタッフが、あたかも同じ場所でお客様を囲むように話に耳を傾け、イメージを共有するような指輪づくりができれば、より理想的なものづくりになるはずです。もの、情報、そして価値がシームレスにつながっていく仕組みというのが「一緒につくるものづくり」が表す具体的なイメージなのです。

3章でも述べましたが、自社開発のITシステムと、さまざまなクラウドサービスを基盤に、オンラインを活用した情報共有やトレーニング、デジタル環境を活用したものづくりの変革などを進めています。

「一緒につくるものづくり」を成立させるには、ものづくりのプロとしての職人の仕事の価値や意義をお客様に伝える努力も大切です。職人の技を「秘すれば花」で終わらせるのではなく、適当なタイミングで、適当な情報としてお伝えする。それによって、お客様はその価値を十分理解し、満足感を持って商品を購入できるようになります。

Ｗｅｂやマイページといったデジタルから、店頭でのアナログな接客に至るまで、できるかぎりの工夫を凝らし、自分たちにできることや届けられる価値を伝え、同時にお客様のことを知る努力を行っています。

ここでも大切なのは、つくる側と使う側の間で情報と価値の理解がつながっていることです。アナログ、デジタルそれぞれのチカラを総動員して、「伝える」「聞く」というコミュニケーションを行う。それによって、情報と価値がつながり、双方の意思を通わせることができる。それができれば、つくる側もプロフェッショナルとしての技術やこだわりを存分に発揮し、ものづくりに取り組むことができます。そして、お客様はものづくりの価値を十分理解したうえで、自分自身の思いに沿った最高の商品を手にできるのです。

目指すのは喜びが循環する仕組みづくり

本書でテーマにしている豊かさを生み出すという観点から、「一緒につくるものづくり」のゴールとして究極的に実現したいのが、お客様とつくる側それぞれの喜びと感謝が循環する仕

感動をシェアし感謝を伝え合う仕組み（マイページ）

指輪の写真を記念として撮影し
アーカイブ（無料サービス）
制作者クレジットを表記し
リアリティを高める
制作に携わったスタッフ⇆顧客での
メッセージのやりとり

組みづくりです。

一つひとつの指輪づくりには、さまざまな工程の職人から生産管理のスタッフまで、実に多くの人間が関わっています。しかし、アトリエで直にお客様に触れるつくり手たち以外は、お客様に接する機会はほとんどありません。

また、お客様も、指輪づくりの裏側はわからないため、自分たちの指輪づくりに実は多くのスタッフが関わっていることに気づく人はほとんどいません。

自分が着ける指輪は、多くの人の技術や努力、思いの賜物だと気づくことで、感謝の気持ちとともに、その指輪に対するその人なりの価値はさらに高く感じられるはずです。

ものづくりに関わる人たちがお客様から感謝を得ることは、自分たちへの評価や存在意義へとつながるものだと思っています。自分の仕事でお客様が喜んでくれる、笑顔になってくれるというのはシンプルに嬉しいものです。それはお金とは別の「心の報酬」といってもいいかもしれません。

そこでｉｔｈ（イズ）ではマイページなどを通じて、お客様とつくる側がお互いに結びつくことができる仕組みを提供しています。映画のエンドロールのように制作に関わった人や会社の名前が載るクレジット表記や、お客様がアップした感謝のメッセージを関わった職人たちに共有するなどクリエイティブな面でも趣向を凝らした機能を実装しています。

これまでの流通システムでは分断され、循環されることのなかった喜びや感謝が巡りだすことで、ものづくりが持つ本来の豊かさをお客様とつくる側とで共有したい、という思いがあります。

05 日本のものづくりを再び世界へ

最後にこれからの展望についてお話しします。

小さなアトリエから始めたｉｔｈ（イズ）も、今では１００人近いスタッフで運営する組織となりました。ここまでの経験を通じて、職人の手仕事ゆえの価値、現代社会のなかでの生産管理技術の重要性、活きたデジタル活用、そしてお客様とつくり手が密につながりあい、オンリーワンの指輪をつくるものづくりの力や価値を見出してきました。

一つひとつの指輪づくりを重ねながら、私たちが取り組んでいるものづくりは、お客様に幸せを届け、働き手にはやりがいやプライドを育てる、まさしく心の豊かさを生み出す仕事だという思いを少しずつ強くし、この気持ちを共有できる仲間やお客様も増えてきています。

その一方で日本国内の結婚指輪やジュエリー市場にも、少子高齢化社会は影響を及ぼし、縮小トレンドを迎えています。ｉｔｈ（イズ）のようなアトリエ系ブランドも1つの源流となり、なかには私たちのスタイルをほとんどそのまま模倣した店も現れたりと、一層激しくなる競争環境のなかで、同じ水準を保つというだけでも並の努力では難しくなってくるでしょう。

かたや、中国やアジアの国々は、ここ十数年の間に大きく経済成長を遂げていますが、量的な豊かさが行き渡りつつも、その成長が無限ではないことは明らかです。グレート・リセットで示されるような地球規模での価値観の転換も影響し、これからは質的な豊かさを求める層が増えると予想されます。

アーツアンドクラフツが描くビジネスモデル

このような背景に基づき、デジタル化された社会で、持続的成長を生み出すためにも、アジアを中心に海外への事業展開を進めています。先鞭をつけるように、英語を中心としたSNSやオンライン接客での海外対応も開始しています。国や地域が変われば、お客様の好みや価値観も変わりますが、オーダーメイドを通じてお客様それぞれのストーリーをつくる、という価値を理解してもらいながら、丁寧なものづくりに立脚したジャパンブランドとして展開していきたいと考えています。創業時より秘かに抱いてきた、ジュエリーという欧米発祥の文化で世界に伍する日本ブランドをつくりたい夢の実現に向けて新たな一歩を踏み出したところです。

また当社では、消費者向けのブランド事業のほかに、企業向けのコンサルティング＆ソリューション事業も手がけています。自分たちの事業実践で得たノウハウや方法論を体系化し、他の企業やブランドに対しても役立てることができるのではないかと考え、本書でも紹介したDX支援やブランド開発、新規事業やブランド開発の支援なども行っています。

「はじめに」で申し上げた通り、日本にはまだまだ優れた技術や技能があります。こだわりと技術を持つ職人もいます。成熟化する社会でこそ輝くものづくりの火種は消えていないはずです。その一方で、自分たちが築き上げてきたものづくりの遺産や遺伝子が、このまま次の時代でも価値を発揮できるかどうか懐疑的な経営者や、先達が築き上げてきたものを自分の代で食い潰してしまうのではないかと頭を悩ます若手の後継者も少なくありません。

今まで積み上げた信用や資産、潜在的に持つものづくりの可能性を遺憾なく発揮し、グローバルな競争のなかで改めて世の中を豊かにする価値をつくるには、自己満足に陥らず、つくり手と消費者の価値を結ぶ新たな取り組みを行うことが極めて大切になるはずです。

私たちは、日本中の優れたものづくり企業との連携を通じて、これまで培ってきたノウハウを活かし、文字通り世界へ羽ばたくことのできるジャパンブランド育成を目指しています。自社、他社を問わず、世の中を豊かにしたい、世界中に幸せを巡らせたいという想いをわかちあえる仲間たちと、未来のものづくりを生み出すことを楽しみにしています。

第6章

「つくるの力で、世界をもっと豊かに」

01 成長から成熟へ。節目の時代を生きる

２０２１年のダボス会議（世界経済フォーラムの年次総会）のテーマは「グレート・リセット」でした。残念ながらコロナ禍の影響もあり、ダボス会議自体は中止になってしまいましたが、グレート・リセットとは、これまで当たり前のものとして受け入れ、社会的営みの基盤としてきた従来のシステムや考え方を一度リセットすることで、世界全体をより良い方向へと導こうという提言です。

グローバルな社会や経済を牽引していくリーダーたちが、時代の大きな移り変わりに対して正面から言及していることの意味を、私たち一般の人間も理解し受け止めていかなければならないでしょう。

さらにベストセラーとなった『人新世の「資本論」』の著者、斎藤幸平さんらが唱えるような、「脱成長」という、さらにドラスティックな主張や実践例もあります。いまさかんに喧伝されている「持続可能な開発」という概念や行動すら、地球環境の破綻を防ぐためにはすでに十分でなく、より本質的に意識と行動を変え、現状の経済成長のモメンタムから抜け出さなければ

ならないという考えです。

グレート・リセットにしても、脱成長にしても、右肩あがりで急坂を登るような経済成長の時代は終わりを告げ、緩やかな成長、もしくは循環・代謝的な成長の時代へと移行していくだろうというのが国内外と問わず社会全般の基準認識となりつつあります。

このような時代の曲がり角で、経済と環境、そして個人がバランスよく共存する社会への移行が試みられていますが、本書で伝えてきた「豊かさを志向する社会へ」という考え方と取り組みもその試みの1つになればと考えています。

人間社会は、ものをつくり出す力とともに発展してきました。科学技術が大きく発展し、その力が急拡大した結果生まれたのが、大量生産大量消費を前提とした社会です。

ここから考えるに、ものとものづくりへの向き合い方によって、社会の在りようは変えられるはずだと言えるのではないかと思います。

日々ものづくりに従事する人たちが何を考え、どのようにメッセージを発信するのか。また、消費者一人ひとりがそのメッセージにどう共感し、新しい価値観がつくり出されていくのか。ものづくりを通じた未来づくりが、いま私たちに求められています。

そして、私たち日本人が長い歴史のなかで育んできた共生の価値観を、世界から高い評価を受けてきた日本のものづくりを通じて表現することで、精神的な豊かさが求められるこれからの時代に、日本の文化がリーダーシップを発揮していけるのではないか、というのが私の考えです。

02 普通の会社、普通の人が変われば、ものづくりの未来は豊かになる

これらの取り組みや啓発活動は、すでに何十年も前から進められてきました。本書でも紹介してきたように、価値観の変容をいち早く実行した先進的な企業や個人も数多く存在しています。

「豊かさを生み出す」という考え方が、さらに当たり前の共通認識になるために大切になるのは、先進的な考え方や特殊な技能を持つ会社や個人だけでなく、普通の会社やそこで働く普通の人たちこそが、心の豊かさを中心にした仕事や生活を行うことです。

ごく普通に、ごく当たり前にものづくりに取り組む人の多くは、豊かさを生み出す素地があ

るにも関わらず、まだその可能性を活かしきれていないのではないか。ものづくりに携わるそんな人や会社が素地と可能性を活かしつつ、デジタルとブランドの力を活かしてアップデートし、社会に豊かさを生み出す存在になるべきというのが本書の趣旨です。

地球全体がインターネットでつながることで、ものづくりが思わぬところから評価を受けることもあります。たとえば、1947年生まれの水彩画家、柴崎春通さんは、ユーチューブでの情報発信をきっかけに、アメリカのテレビネットワークCNNに出演するなど、一躍世界的な評価を得るようになりました。

柴崎さんが希有な存在というわけではなく、インターネットを通じて自分の能力が世界に認められる事例は、これからもたくさん出てくることでしょう。

私たちアーツアンドクラフツも、先進的な技術を持つベンチャーでもなければ、特別な商品を開発している会社でもありません。独自性があるとすれば、デジタル、マーケティング、ブランディングの知識や技術を仕組み化し、実践に移すマネジメント力があったことだと思っています。その力を武器にして、ジュエリーというオーセンティックな業界で手仕事と工業生産の両方を組み合わせながら、ものづくりを続けてきたごく普通の会社です。

そんな私たちでも、心の豊かさという未来づくりへの貢献ができるかもしれないという思いと、未だに埋もれた可能性を持つ人たちが飛躍する何かのきっかけになればということが本書を書く動機でもあり、皆さんにも伝えたいことなのです。

03 価値を「つくる人」と「つなぐ人」

書店に並ぶ本を見渡してみると、ＡＩ、ＤＸなどの文字が踊り、これからの先端的な技術領域で突出した人材を育成する重要性が説かれています。私自身、このことにまったく異論はありません。

優れた専門人材を育てて活躍できる環境をつくり出すことが、これからの日本社会にとって極めて重要であることは疑いようがありません。それと同時に、複数の部門や業務領域にまたがって価値を創造できるデジタル人材の需要もますます高まるでしょう。経営、デジタル、広告宣伝、ものづくりなど、専門性と異なる領域の価値を理解したうえで、それらをつなぐことができる人材です。

このようにものづくりの未来にとって、デジタル領域は競争力を高める切り札であり、産業としても成長領域であることは間違いありません。それと同時に、人間の感覚を通じてものを生み出す職人や技術者を育成することにも改めて力を入れていくべきだと考えています。

例外はあるかもしれませんが、AIなどの先進テクノロジーは、元々何かしらの価値や意味を持つものや、そのための人間の行為を高速で分析処理し、示唆を提供することで新しい価値づくりを補助するものだと捉えています。

つまり、これらのテクノロジーは、まったくゼロから何かを生み出すのではなく、前提として人の思考や行動、感覚といったものがあったうえで、その価値を増幅させるものでもあるということです。

私たちは職種や人材のタイプによって、「価値をつくる人」と「価値をつなぐ人」という2つの役割があると考えています。

接客やものづくりを行う職人など、人が関わることで価値を生み出すような人材を「価値をつくる人」。対して一つひとつの仕事や、そこで生まれる成果物をうまくつなぎ合わせ、価値を増幅させる人材を「価値をつなぐ人」と定義しています。経営やマーケティングといった領域のビジネスプロフェッショナルも後者に属すると考えています。

先ほど申し上げた通り、価値をつなぐ人材の重要性が高まる一方で、そもそもの価値のタネ、源泉があってこそ、その可能性を増幅させることができます。

その意味で、感覚や感情に基づいて価値をつくる人や仕事についても、その可能性を改めて見つめ直し、体系的に育成していく必要性もあるのではないでしょうか。

ブランド先進国でもあるフランスやイタリアも、伝統に基づきながら、その土地や人ならではの価値をもたらす産業を保護育成することで世界規模で展開するグローバルなブランドのものづくりを支える素地を生み出しています。

他の先進国と比べて、日本には手仕事の産業が多く残っていると言われていますが、産業育成の視点よりも文化保護の視点が強く、健全な競争環境のなかでアップデートしていくことができずに先細りしていくケースも多く存在しています。

これからの時代に即した形で、価値をつくる人材を育成して、価値をつなぐ人材とタッグを組んで新しい産業育成に取り組む。

手仕事だからこそ生み出される魅力を見つめ直し、ブランドとして育成していく。産業機器やデジタルのものづくりの分野でも職人の手仕事を解析し、その感性や感覚をもとに付加価値を加えていく。さまざまな知恵と工夫によって、手仕事とそこに紐づく人の感性は、豊かさをつくるものづくりの競争力の源泉になり得るはずです。

豊かさをつくるものづくりには、多様性の観点も欠かせません。お客様一人ひとりの多様な個性に対してどのように応えるかだけでなく、異なる領域のプロフェッショナルの知識や知恵が組み合わさることで、新しい価値づくりがなされるという意味合いもあります。

私たちが取り組むｉｔｈ（イズ）にしても、職人たちに代表される「価値をつくる」ものづくりの専門家たちと、デジタル、広告宣伝、経営といった「価値をつなぐ」領域のビジネスプロフェッショナルたちが調和しながら事業を進めてきたからこそ、成長と発展の可能性ができてきたのだと考えています。

04 ものづくりの未来は明るい

坂を登り続けてきた急成長の時代が終わり、ゆるやかな成長のなかで新しい価値観を模索しながら生きねばならないこれからの時代において、ものづくりをはじめとする日本の産業は新しい黄金期を迎える可能性を秘めています。

文明開花の時代にジャポニスムとして世界を驚かせた優れた手仕事。工業化社会の優等生として、アジアの奇跡と謳われた組織的な生産管理力。2つの黄金期を生み出す素地となった日本の文化的な特性。日本が培ってきたものは、高原の時代においてこそ、改めて存在感を発揮しうるはずだと考えています。

すでに世界を見据えて活躍するグローバル企業や、アジア各国へ事業進出する日本企業もたくさんありますし、スポーツの世界でも大谷翔平選手のように、個として世界レベルで活躍する人たちも続々と生まれてきています。

そういった人たちの活躍を尻目に、自分たちが持つ可能性を過小評価したり、その想いや価値を十分に表現する術を持たずに悶々としている人がたくさん存在しているように思います。

(1) 多様性を生み出す手仕事のものづくり
(2) 安定した基礎品質をもたらす組織的生産管理能力
(3) 現代社会の前提であるデジタルのプラットフォームに適用するDX
(4) 自分たちの価値を表現していくブランディングの技術

古き良きものづくりの価値を見つめ直し、アップデートしていく。そして視野を広げ、より大きな世界のなかで自分たちの存在できる場所を探すことで、変化の時を迎える地球社会のなかで大きな存在感を発揮できる可能性があるのです。

極端な成長を追い求める必要もありませんが、とはいえ下り坂のようなネガティブなイメージのなかで、内向きに生きていく必要もありません。

世界中の人々と自由にやりとりができ、自分たちを好きなように表現し、お互いに理解し合える可能性をもたらしたデジタル社会の素晴らしき側面をポジティブに捉え、ものの充足に縛られた経済活動を超えて、心の豊かさを生み出し、享受していく世の中をのびやかに創り出していけたらと思っています。

世界には大国間における新たな覇権争い、多様な民族間での地域紛争など、豊かさを議論するうえで前提となる平和自体を脅かす問題が山積しています。

本書は日本のものづくりという視点から書いていますが、日本だけでなく、世界にはそれぞれの文化が生み出す個性的で優れたものづくりが存在しています。ものだけでは満たされない豊かさがある一方で、ものがあるからこそ、文化や国境、人種の壁を超えて、人類共通の想いやそこに込められた叡智を感じ合うこともできるのです。

「あの国の、あの地域の、あの工芸品のこだわりがすごい」
「あの街の、あのカフェのコーヒーが最高だった」

個人レベルでの些細な気持ちのやりとりや、お互いへのリスペクトが、多様性を認めあう平和の礎にもなるのではないでしょうか。
ものを生み出すことで文明や文化を築いてきた私たち人間にとって、ものとのつながりは切っても切れないものです。

ものとものづくりを通じて、家族や仲間たちがつながっていく。
人類の叡智や文化の多様性に感動する。
そんなすばらしきものづくりの未来を夢見て。

おわりに

最後までお読みいただきありがとうございました。私たちの社名は、19世紀のイギリスで起こった美術と工芸に関するアーツ・アンド・クラフツ運動に由来しています。産業革命という大きな変化の波が押し寄せた時代のなかで、失われようとしていた暮らしや仕事の豊かさを取り戻そうという意識が、この思想の原動力でした。

産業革命に端を発し、地球全体で急速な経済成長を遂げた時代が終わりに差しかかり、新しいパラダイムの時を迎えようとする今だからこそ、改めて世の中の豊かさを考え、自らそれを創り出していきたいという想いから、私たちなりのアーツ・アンド・クラフツ運動を展開したいと考えています。

当社のロゴのリニューアルを検討する際に、いつもデザインやクリエイティブワークを支援してもらっているオーフラットの永田さんがふとこう言いました。

「御社にとって大事なのはアーツでもクラフツでもなくて、&（アンド）なんじゃないですかね？」

そう言われて改めて考えると、私たちがあえてこの時代にチャレンジしようとしていることの真髄は「&」のなかにこそあるのではないかと思えるのです。

AでもありBでもある。AとBがつながる。AをすればBになる。性質や状況の異なるものを足し合わせたり、加えたり、つなげたりすることで新しい何かを生み出す。「&」にはそのような意味や役割が含まれています。

本書のなかでも再三伝えてきましたが、「つながる」「つなげる」ということが企業経営でも非常に重要なテーマになっています。国や地域社会においても、多様性を理解し、認め、共有していくためには「&」の発想や捉え方が大事ではないかと思うのです。

多くの人が「そんな時代だよね」とごく当たり前のように思われるかもしれませんが、実際のところ異質のものを足し合わせたり、異なるもの同士を結ぶということは、そう容易《たやす》いことではありません。

造形やデザインといった物理的なものから、組織や社会構造といった抽象的な領域に至るまで、異なるものを一緒くたに合わせることで、思わぬ衝突が起きたり、AだかBだかはっきりしなくなってしまい、それぞれの良さが重なるどころか、妥協の産物としてその良さを消しあうことも往々にして起こるのです。

私たちも幾度となくこのような経験をしてきましたが、それでもなお、さまざまな課題を超えて、異なる人やものごとがつながりあい、単独では成し得ない価値が生まれることで私たちなりの道を切り拓いてきました。それがジュエリー職人とマーケティングやマネジメントの力が調和して生まれた·ｉｔｈ（イズ）であり、ＢｔｏＣのブランド事業とＢｔｏＢのコンサルティング事業のシナジーによって生まれようとしているパートナー事業です。そして、これらが私たちが実践を通じて導き出した「&」の可能性であり、その価値を信じる所以です。

「&」によってそれぞれの持つ力を引き出し、１人では達成できない価値を生み出すためには、それを取り扱うための技術と能力が必要です。本書で紹介した「デジタル」や「ブランド」を取り扱う技術や能力もその１つです。

これらは幅広く、深遠であり、たかだか1冊の本だけで語るに尽くせぬことは承知のうえで、「&」の精神からダイジェスト的な形で本書をまとめさせていただきました。

この本をきっかけに、読者の皆さまが新しい可能性や価値に気づき、新しい出会いや未来が生まれれば幸いです。

この本の執筆・出版に至るまでに実に多くの方々からの薫陶やご支援ご協力を賜りました。まず編集を担当いただいた宮藤大樹さん、ライティングを支援いただいた山崎潤一郎さんにも改めて感謝申し上げます。

本企画に賛同し、執筆を後押ししてくれたアーツアンドクラフツ株式会社の宮﨑晋之介社長と平田久郎、三浦一生の役員一同、事例の調査や資料のまとめに奔走してもらったコンサルティング＆ソリューション事業部の伊藤悠真、日下部峻。そしてブランド代表の高橋を筆頭に私たちの思いと理想を体現し続けるｉｔｈ（イズ）やＷＥＬＬのスタッフ、パートナー、協力会社の方々。皆さまの日々の努力と情熱が本書へとつながりました。改めて感謝申し上げます。

また、ものづくりに関わる仕事へのきっかけを与えてくれた株式会社ＮＡＯの山田直広さん、これまでに出会い、関わってきた作家、デザイナー、職人の皆さま。ジャンルを問わず、それぞれのものづくりやクリエイションから得たヒントやアイデアが、この本の下地となっています。

ものづくりに関わる皆さまへの感謝とともに、その活躍によって、ものづくりと世界の未来がより豊かで素晴らしいものとなることを切に願っています。

２０２１年9月　吉田貞信

参考書籍

本書の執筆で参考とした書籍について、より深い知識や情報を必要とされる人のために、目的別に整理しました。

〈ブランドの歴史を知る〉

エズラ・F・ヴォーゲル『ジャパン・アズ・ナンバーワン』阪急コミュニケーションズ
宮崎克己『ジャポニスム　流行としての「日本」』講談社
田中洋『ブランド戦略論』有斐閣
エリカ・コルベリーニ、ステファニア・サヴィオロ『ファッション&ラグジュアリー企業のマネジメント　ブランド経営をデザインする』東洋経済新報社

〈ブランドの企業事例を知る〉

竹宮惠子『エルメスの道』中央公論新社
戸矢理衣奈『エルメス』新潮社
川島蓉子『エスプリ思考　エルメス本社副社長、齋藤峰明が語る』新潮社
長沢伸也『ルイ・ヴィトンの法則　最強のブランド戦略』東洋経済新報社
齊藤孝浩『ユニクロ対ZARA』日本経済新聞出版
トニー・シェイ『ザッポス伝説2・0　ハピネス・ドリブン・カンパニー』ダイヤモンド社
石塚しのぶ『ザッポスの奇跡（改訂版）　アマゾンが屈した史上最強の新経営戦略〜』廣済堂出版
山口絵理子『Third Way　第3の道のつくり方』ディスカヴァー・トゥエンティワン
山井太『スノーピーク「楽しいまま！」成長を続ける経営』日経BP社

〈ブランドを取り巻くトレンドを知る〉

福田稔『2030年アパレルの未来　日本企業が半分になる日』東洋経済新報社
小島健輔『アパレルの終焉と再生』朝日新聞出版
新井和宏『持続可能な資本主義』ディスカヴァー・トゥエンティワン
尾原和啓『プロセスエコノミー　あなたの物語が価値になる』幻冬舎
ダグ・スティーブンス『小売再生　リアル店舗はメディアになる』プレジデント社
ダグ・スティーブンス『小売の未来　新しい時代を生き残る10の「リテールタイプと消費者の問いかけ」』プレジデント社

〈ブランドマーケティング実践の方法論を学ぶ〉

デービッド・アーカー『ブランド論　無形の差別化をつくる20の基本原則』ダイヤモンド社
デービッド・アーカー『ストーリーで伝えるブランド シグネチャーストーリーが人々を惹きつける』ダイヤモンド社
マイケル・E・ポーター、マイケル・R・クラマー『経済的価値と社会的価値を同時実現する　共通価値の戦略』ダイヤモンド社
P・F・ドラッカー『プロフェッショナルの原点』ダイヤモンド社
B・J・パインII『経験経済　エクスペリエンス・エコノミー』流通科学大学出版
アンソニー・フリン、エミリー・フリン・ヴェンキャット『カスタマイズ　【特注】をビジネスにする新戦略』CCCメディアハウス
福永雅文『小が大に勝つ逆転経営　弱者19社を業績向上させた社長のランチェスター戦略』日本経営合理化協会出版局
秋元康『企画脳』PHP研究所
秋元康、田原総一朗『AKB48の戦略！　秋元康の仕事術』アスコム
三木雄信『孫社長にたたきこまれた　すごい「数値化」仕事術』PHP研究所
今泉清『ONE TEAM!　ラグビー日本代表に学ぶ最強組織のつくり方』日本能率協会マネジメントセンター

〈デジタル化・DXを学ぶ〉

クリス・アンダーソン『MAKERS　21世紀の産業革命が始まる』NHK出版
藤井保文、尾原和啓『アフターデジタル　オフラインのない時代に生き残る』日経BP社
藤井保文『アフターデジタル2　UXと自由』日経BP社
佐々木康裕『D2C　「世界観」と「テクノロジー」で勝つブランド戦略』ニューズピックス
グロービス『図解　基本ビジネス分析ツール50』ダイヤモンド社

〈時代観を養う〉

ウィリアム・モリス『民衆の芸術』岩波書店
ジリアン・ネイラー『アーツ・アンド・クラフツ運動』みすず書房
リチャード セネット『クラフツマン　作ることは考えることである』筑摩書房
ウィリアム・バーンスタイン『「豊かさ」の誕生　成長と発展の文明史（上下）』『「豊かさ」の誕生 成長と発展の文明史』日本経済新聞出版
クラウス・シュワブ、ティエリ・マルレ『グレート・リセット　ダボス会議で語られるアフターコロナの世界』日経ナショナルジオグラフィック社
山口周『ビジネスの未来　エコノミーにヒューマニティを取り戻す』プレジデント社
見田宗介『現代社会はどこに向かうか　高原の見晴らしを切り開くこと』岩波書店
渡邊淳司、ドミニク・チェン、安藤英由樹ほか『わたしたちのウェルビーイングをつくりあうために　その思想、実践、技術』ビー・エヌ・エヌ新社
斎藤幸平『人新世の「資本論」』集英社
セルジュ・ラトゥーシュ『脱成長』白水社
デヴィッド・グレーバー『ブルシット・ジョブ　クソどうでもいい仕事の理論』岩波書店
佐久間裕美子『Weの市民革命』朝日出版社

【著者略歴】

吉田貞信（よしだ・ていしん）

アーツアンドクラフツ株式会社 取締役・ブランド事業部長

株式会社NTTデータ、株式会社フロンティアインターナショナルにて、IT・広告・マーケティング領域を中心に、B2B/B2Cを問わず新市場の開拓、新規事業の立ち上げなど、多数のプロジェクトに従事。2010年にアーツアンドクラフツ株式会社の設立に参画し、ジュエリーブランド「ith」の事業開発を担当。自社での実践を通じた独自のブランド開発メソッドにより、企業支援を推進している。

ふるくてあたらしいものづくりの未来《みらい》

2021年11月21日　初版発行

発行　**株式会社クロスメディア・パブリッシング**

発行者　小早川幸一郎

〒151-0051　東京都渋谷区千駄ヶ谷4-20-3 東栄神宮外苑ビル

https://www.cm-publishing.co.jp

■本の内容に関するお問い合わせ先 …………………… TEL (03)5413-3140／FAX (03)5413-3141

発売　**株式会社インプレス**

〒101-0051　東京都千代田区神田神保町一丁目105番地

■乱丁本・落丁本などのお問い合わせ先 ……………… TEL (03)6837-5016／FAX (03)6837-5023

service@impress.co.jp

（受付時間　10:00～12:00、13:00～17:00　土日・祝日を除く）

※古書店で購入されたものについてはお取り替えできません

■書店／販売店のご注文窓口

株式会社インプレス　受注センター ……………………… TEL (048)449-8040／FAX (048)449-8041

株式会社インプレス　出版営業部 ………………………………………………… TEL (03)6837-4635

カバーデザイン　城匡史

本文デザイン・DTP　荒好見

印刷・製本　株式会社シナノ

ISBN 978-4-295-40601-3 C2034

©Teishin Yoshida 2021 Printed in Japan